U0018914

使用的書

大寫
BRIEFING
PRESS

YOUR
COMPLETE
GUIDE TO
FACTOR-BASED
INVESTING

因子投資

聰明操盤者的交易決策理論

The Way Smart Money Invests Today

安德魯・貝爾金 Andrew L. Berkin
賴瑞・斯韋德羅 Larry E. Swedroe ■ 著

李瑋 ■ 譯

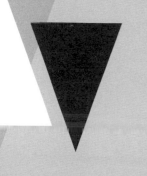

● 伯頓・墨基爾 Burton Malkiel

《漫步華爾街》作者

　　本書提供了關於因子投資你需要瞭解的一切資訊。作者漂亮地總結了學術界和投資實踐者的所有相關研究。有關因子投資業內仍存在爭議：相對於廣泛撒網、市值加權、低成本的指數投資，因子投資能否被認為是（稅後）更聰明的投資策略。然而，所有精明的投資者都應當理解這種選擇性策略的邏輯。

● 哈洛德・艾文斯基 Harold Evensky

艾文斯基和凱茲／弗爾茲金融財富管理公司主席

　　精彩至極！除了對市場因子展開熟練的綜合性討論之外，貝爾金和斯韋德羅還提供了具體資訊，指導實踐者如何操作資產配置。實際上，這就是華倫・巴菲特的秘訣。本書可以幫助你優化投資行為，不要錯過這本書！

● 威廉‧雷切斯坦博士

Dr. William Reichenstein

貝勒大學投資管理系講座教授

　　貝爾金和斯韋德羅實現了全壘打！我本人擁有博士學位，也是一名特許金融分析師，以及180多篇論文和幾本書的作者，因此在閱讀投資類書時很少能學到有用的東西。但這本書是個例外。他們總結了對7種因子的研究。這些因子符合5項嚴格標準，即持續性、普遍性、穩健性、可投資性和邏輯可解釋性。這些標準強烈地呈現出，這些因子能穩定提升投資組合的長期回報率。

　　貝爾金和斯韋德羅隨後解釋了我們應當如何使用這些因子，用以提高投資組合的預期回報，或是在給定預期回報的情況下降低風險。本書可以讓我成為更優秀的投資者和老師。

● 羅賓‧鮑爾 Robin Powell

「實證導向投資者部落格」創始人

　　本書的價值，以及其與絕大部分投資類圖書的不同在於，其結論是以同業審視過的獨立證據為堅固基礎。強烈推薦本書。

●珍·布萊恩特·昆恩 Jane Bryant Quinn
《如何讓你的資金持久》作者

　　本書適合希望深入瞭解資產配置過程中最新技術思維的投資者。如果你是專業人士或投資愛好者，那麼本書提供了關於風險評估、平衡投資，從而實現最佳長期回報的最新研究。

●艾德·塔爾，Ed Tower　杜克大學經濟學教授

　　關於如何聰明地投資共同基金，貝爾金和斯韋德羅帶我們領略了最新的實證性研究。他們介紹了什麼樣的策略有效，什麼樣的策略無效，並解釋了箇中原因。我和學生都很喜歡斯韋德羅的作品。本書帶領我們提升到新的高度。

●約翰·A·哈斯萊姆 John A. Haslem
馬里蘭大學羅伯特·史密斯商學院
金融學榮譽教授

　　歡迎來到「因子工廠」的投資世界。在這座工廠裡，我們辨識了許多資產的屬性，可以用於優化分散投資組合的風險回報率。貝爾金和斯韋德羅提供的研究和證據表明，適度分散的投資組合只有 8 個秘訣。我強烈推薦這本書。

● A・蘇布拉曼揚・高登 A. Subrahmanyam
Goldyne／爾文・赫許 Irwin Hearsh
加州大學洛杉磯分校金融學傑出教授

通常金融專家和金融專業學生會面對各種各樣的投資策略，這些策略都聲稱可以帶來良好的 α。貝爾金和斯韋德羅首次明確指出，什麼樣的策略最有意義，以及應當如何配置這些策略。如果金融顧問和學生希望更好地理解投資組合如何獲得額外回報，那麼本書提供了極具價值的工具。

● 亞當・巴特勒 Adam Butler
ReSolve資產管理公司執行長

貝爾金和斯韋德羅用創新性框架去評估市場上最高獲利性的不規則性，給所有投資者提供了可參考的路線圖，幫助他們獲得優於市場平均水準的投資業績。我會在未來幾年中參考這本書。

● 比爾・舒爾西斯 Bill Schultheis
《咖啡館投資者》作者

這是一項深入研究，能讓你的投資決策更清晰。目前，所有主要資產類別的預期回報率都接近歷史最低點，因此對於提高投資組合的回報率、達成財務目標而言，理解市場因子乃是必要之舉。貝爾金和斯韋德羅給當下的投資者提供了一本必讀之書。

● 法蘭克・阿姆斯壯 Frank Armstrong
投資者解決方案公司總裁及創始人

這是一本旋風般的傑作，深入了當代金融學的前線。此外，這也是一本因子投資的綜合指南，介紹了因子是什麼並分析出哪些因子最有用。最後，你將看到，如何透過以因子為基礎的分散投資策略，提升回報率、降低風險，以及謹慎的投資者如何利用因子去優化投資組合。本書提供了徹底的研究和清晰的表述。高度推薦。

目錄

——————

致謝

賴瑞要感謝許多人的幫忙與協助完成此書。有白金漢（Buckingham）投資和BAM聯盟（BAM ALLIANCE）的同事給予許多支持和鼓勵，此外還要特別感謝丹‧坎貝爾（Dan Campbell）、西恩‧格羅夫（Sean Grover）和凱文‧葛羅根（Kevin Grogan）在資料方面的協助。另外西恩提供附錄I中的分析結果對本書有極大的幫助。感謝AQR資本（AQR Capital）的馬克‧麥克里南（Mark McLennan）協助提供所有的原始素材，以及德明信基金管理公司（Dimensional Fund Advisors）的研究員過去多年的協助和支持，尤其是吉姆‧大衛斯（Jim Davis）、馬蓮娜‧李（Marlena Lee）和維斯頓‧威林頓（Weston Wellington）。沒有一生最愛的妻子莫娜（Mona）的支持與理解，本書不可能完成。在賴瑞坐在電腦前寫稿的許多個週末，以及通宵達旦的夜晚，她給了賴瑞巨大的勇氣。莫娜

永遠都能給賴瑞需要的支援，與她共度的人生是非常精彩的體驗。

另一位作者安德魯則想要感謝他在橋路資本管理公司（Bridgeway Capital Management）的同事。他們對於本書，以及他的職業和個人生活提供了非常大的支持。此外，家人們的無私體諒，也是本書能完成的重要關鍵。妻子喬伊（Joy）和兒子艾文（Evan）的鼓勵和理解，是安德魯的最佳後盾。

賴瑞和安德魯還要向尼克・雷登（Nick Ledden）在編輯上的協助，以及萊斯利・蓋瑞森（Leslie Garrison）在製作方便的協助與建議深表謝意。還有AQR資本的羅南・伊斯瑞爾（Ronen Israel）和安堤・伊瑪南（Antti Ilmanen）、耶魯大學金融學教授托比亞斯・莫斯科維奇（Tobias Moskowitz）、杜克大學經濟學教授艾德・塔爾（Ed Tower），以及ReSolve的亞當・巴特勒（Adam Butler）。他們審視本書的內容，並提出許多具建設性的建議。在這裡，我們還要提出聲明，所有尚未發現的謬誤都是我們自己的問題。最後，我們需要對克里夫・艾茲尼斯（Cliff Asness）表示感謝。他為本書作序，同時提供讓我們受益匪淺的建議。克里夫的聰明才智遠遠不止於對市場運作方式理解的貢獻。

推薦序

　　簡單來說，因子投資方法是定義出、並系統性地遵守一系列規則而建立的分散投資組合。我們要做的是有系統性地選擇確定具備明顯共同特徵的股票，並且持有由這類股票所構成的投資組合，同時避免買入、出售甚至做空（賴瑞和安德魯同時關注了賣空和做多因子）等特徵相反的投資組合。在定義某個因子之後，隨之而來的問題包括：該因子以往是否曾經有過獲利？未來在扣除成本之後是否還能獲利？為什麼該因子有能力帶來獲利？典型的因子之一是做多「便宜」的股票，賣空「貴」的股票。透過比較股價和企業的基本面，例如帳面價值、利潤或營收，能夠衡量股票價格的高低。另一個例子是做多有優秀動能的股票，賣空動能不佳的股票。這裡的動能指的是股價近期的表現。諸如此類的因子還有很多，而這些因子本身都是研究課題。

金融經濟學人約翰·寇克蘭（John Cochrane）教授曾說過一句知名的話，金融專業的研究者和實踐者早就打造了一個因子「動物園」[1]。但這並不是什麼讚美的話。近期，其他研究者也積極地提醒我們「資料探勘」（data mining）技術所帶來的危險[2]。在某些領域，資料探勘是很值得讚賞的工具，但在金融行業，資料探勘則被視為一種貶抑。這意味著，聰明人可以使用強大的電腦，輕而易舉地找到在歷史中具有效表現的因子，並加進「因子動物園」裡。然而，用這種方式發現的因子並非真實存在。換句話說，這些因子是隨機性的產物，同時也帶入了選擇偏見，因此過去的成功無法複製到未來。為了看清這點，假設沒有真正因子的存在，你仍可以找到許多在歷史上帶來過高額回報的資產特徵，前提是你必須測試夠多的可能選項（或是測試夠多備選規則所創造出的多元因子）。然而，它們並不具備任何往前進的效力，因為我們一開始就假設沒有任何因子是真實的，所以這些只是在夠多的亂數據中展開搜索，而意外找到看起來不錯的因子。這是大數據和大規模計算的力量，而因子動物園是這項事實的結果。更重要的是，無論是在學術研究中，還是對經理人們在真實世界的資產整合，它都是有力的動機，因為都是為了要找出在歷史中表現良好的因子。

這樣的做法是有危險性的。你可能會認為，即使相信並非真實存在的因子也不會帶來太大問題。只要沒有造成嚴重傷害，就不算犯規。但實情並非如此，因為你無法利用這些在過

去隨機製造出的幻想因子獲利。更糟糕的是，你還需要承擔配置這些因子所產生的交易成本和管理費用，並且需要承受隨之而來的風險（預期獲利如果不是呈現正向的隨機性，就絕不會是好事！）此外，因為你承受了這個假因子的風險，你就非常可能忽略了其他風險，或是前面所述的那些真正有補償性的風險。總而言之，用資料探勘技術去探索因子會引發現實問題，進而對你的資產產生威脅。

這就是賴瑞和安德魯關注的領域。在本書中，他們至少完成了兩項重要工作。首先，他們提供了一份非常實用的指南，可以判斷哪些因子是真實存在。其次，他們所使用的敘述方式會讓非專業人士的讀者都能產生興趣，並有所收穫。

這是個很重要卻並不容易的任務，他們二位做得非常出色。

在本書的開頭，賴瑞和安德魯證明了因子「動物園」並沒有聽起來那樣令人摸不著頭緒。他們並沒有逐一分析所有曾被研究過的因子。當然，也不會有人如此做！他們指出，許多看似相互獨立的因子都是某個主題的不同變種。如果將注意力集中在這些主題上，那麼瀏覽因子動物園會變得更輕鬆。這些主題包括價值、規模、動力和持有報酬等——這些並不是神秘莫測的定量化術語，而是以最基礎、最直白的投資語言所做出的分類。實際上，關於因子主題和不同變種的理論並非他們所獨創，但他們非常支持這個論點。他們認為，如果某個主題只會在非常特殊的形式下才有效[3]，而且同時沒有其他合理的方式能

夠解釋，那麼這個主題是否真實存在就會被高度懷疑。例如，如果當歷史中出現唯一有效的價值因子是無法用股價利潤比以外的其他任何價值指標來反映，那麼我們對價值效應的信仰將嚴重產生動搖。我個人很贊同這樣的觀點。

他們之後提出直接又具體的一系列標準，這是研究者和實踐者必須要能說服我們相信並接受，而且是能夠找出可以投資買進因子的一系列準則。這些標準包括持續性（因子是否曾帶來過可靠的回報率？）、普遍性（在更廣泛的範圍內，因子能否在多個地點、多種資產類別中帶來回報率？）、穩健性（如上文所述，因子不依賴於某種特別形式）、直覺性（因子是否符合常識，或者只是根據歷史表現推理而出？），以及可投資性。需要注意的是，除了可投資性之外，所有這些標準在某種程度上都涉及到以下問題：「我們是否相信，歷史表現是真實存在的，而不是來自於資料探勘？」可投資性是能夠辨別差異，並切中要害地提出一個根本問題：「即使我們認為因子是真實存在的，一名務實的投資人能夠在扣除成本後真正達到獲利嗎？」這是一個至關重要的終極問題。在本書中，賴瑞和安德魯提供了這個問題的解答。

這是最重要的五個面相，但他們也常常參考另外兩項標準。即使某個因子已具備持續性、普遍性、穩健性、直覺性和可投資性，這兩項標準也依然有參考意義。首先他們提出，目前的情況是否與歷史上的不同？某個因子可能是真實存在而非

資料探勘的結果，但卻不符合目前情況，顯示出屬於該因子的時代已經結束。市場逐漸熟悉了某種行為因子，而因子帶來的風險溢價相對於以往可能會降至較低水準[4]。賴瑞和安德魯對某個因子以往曾有過的優異表現不感興趣，他們重視的是該因子在未來是否有所幫助。其次，他們一定會提問的是：即使某個因子真實存在，但這個因子是否已經被我們相信的其他因子所覆蓋？涉及這兩個問題的例子之一是「低風險投資」。他們提出「和過去相比，目前從事低風險投資的成本更高」的論述。此外，或許在歷史上，低風險投資已被其他因子所涵蓋，例如價值與獲利能力。我要在這裡強調的是，我並不完全贊同這點。與本書兩位作者不同，我更喜歡低風險投資。儘管要做到意見完全一致很難，但在可信的因子研究者和可信的投資者之間，雙方意見一致還是會比意見分歧的情形要多得多。我與賴瑞和安德魯之間的狀況正是如此。儘管我可能對他們的結論有不同看法，但這是正確的方式去思考關於如何選擇因子，以及能提出的正確問題。關於因子，讀者可以跟隨他們的思路，提出同樣的問題。

我和他們的分歧不只有低風險投資，還有違約風險（在其他場合中常被稱為信用風險），我也不完全贊同他們的觀點。這就好比你將3名研究者放在同一個房間裡，最後竟然得出了4種意見的老笑話。當然，我欣賞他們並沒有照單全收、不做批判地歸納總結文獻資料。相反地，他們還願意嘗試大膽的表述。

假使任何因子和因子主題都能通過上述5點標準的檢驗，那依據這5項標準去選擇因子將會容易許多，並有極高的可信度。因此，你正在閱讀一份很棒的資訊，更重要的是，它是一份誠實可靠的資訊！

本書最有用的地方是它解釋了什麼是因子，以及如何選擇是否要相信這些因子。除此之外，作者們還用了整整一章的篇幅去探討，在因子被公開發表之後，未來的收益是否會下降。在天機洩露之後，因子是否仍有作用？[5] 他們在本書中解釋了這個問題，並與我們分享了重要結論，就是在因子公開發表後，投資者來自因子的獲利將會下降，但仍保有大部分的收益，這個答案讓我吃了一顆定心丸。

說到這裡，我都還沒探討到本書結構的後半部附錄呢！附錄實際上提供了一些免費的迷你手冊，因此請務必閱讀。例如，在對因子投資結果進行評估後，他們發現，這些結果非常類似運動博弈的結果。他們這樣做並不是為了宣傳體育樂透，或是為了讓讀者靠著買樂透大賺一筆。他們只是從另一個角度去探索，這些因子主題是否具備普遍性。如果某個結論在從一個未關注過的領域裡同樣有效，你絕對會對這個結論更有信心。請記住，對一個因子一開始的結論有可能是隨機性的結果，而不是真實存在的；這可能只是資料探勘的結果，而不是終極真相。換句話說，如果價值投資不是真實存在的現象，而只是資料探勘的結果，那麼如果只是因為價值投資可以用於股

票交易，我們是無法做出價值投資對運動博弈也有效的結論判斷。因為它不是真實存在，它是隨機性的結果！相反地，如果你提出一種關於股票交易的「直覺」理論（即五大標準之一），而同樣的直覺也適用於運動博弈，那麼就可以認為這種理論是有效的。即使你從不看體育比賽，你仍然會對結果有強烈信心，並以此為基礎下注。因此，在看到同樣的直覺理論對運動博弈有效之後，你會更加確信，這樣的直覺套用在股票交易上，也會帶來最實在的回報。

最重要的是，賴瑞和安德魯一直強調，如果缺乏耐心，那麼即使利用因子去進行分散投資，也不會讓任何投資計畫產生效果。他們努力地證明，因子有效的情況比無效更常見，搭配使用的效果更好，更可能帶來持續的良好表現。然而他們並未隨口承諾，其中有捷徑可走。相反地，他們強調，即使你對自己選擇的因子是有效的這個想法堅定不移，也不能保證這些因子絕對是真實存在而非資料探勘的結果。然而，如果缺乏堅強的信念（或許來自持續性、普遍性、穩健性、直覺性和可投資性），那麼一旦不可避免的困難時刻來臨，沒有人能堅持自己的投資紀律。這是十分明智的建議。如果最後關頭倒在致命障礙面前，那麼優秀投資計畫所帶來的回報曾全部付之一炬。

最後我想指出，本書與許許多多告訴你如何像「股神」巴菲特一樣選股的投資參考書不同。在我看來，這些參考書的寫作更簡單。我們總能寫出關於某家公司的生動故事：企業的偉大

和災難培養出了傳奇般的選股者，而這樣的選股者正是故事中的英雄。賴瑞和安德魯沒有這樣做，他們選擇的任務是描述一種固有的定量關係。因子不是事先安排好的電視劇結局。衡量是否成功的標準或許是「某個因子在過去10年中取得了+1標準差」，而不是講一段自由選股的故事，而故事結局是「我投資的公司最終發明了iPod」。當然在自由選股的世界裡，用講故事的方式表述會更引人入勝，但這也帶出一個問題：自由選股的效果很差！我並不想在這裡探討存在著爭議性的話題，因此我選擇直接下結論。經濟學邏輯和大量研究已經顯示，一般來說（但巴菲特是個明顯的例外），自由選股無法讓你致富。賴瑞和安德魯原本可以只對讀者訴說有趣易懂的故事，而選擇去寫簡單的（對他們自己和讀者來說），或許更富娛樂性的內容。然而他們最終選擇去寫他們和我都認為有實質幫助的內容。我認為他們做了正確的選擇。

總而言之，這是一本優秀的作品，探索了因子投資中日漸重要的領域，提出了高效的方式去遊覽因子「動物園」。我相信，你們會和我一樣，享受因子「動物園」中的旅程。

——AQR資本管理公司聯合創始人，克里夫・艾斯尼斯（Cliff Asness）

前言

───────

　　如果對股市參與者進行調查，讓他們列出有史以來最偉大的投資者，那麼可以肯定，大部分人的答案會是華倫・巴菲特（Warren Buffet）。因此可以認為，全球投資者的一大目標是找到巴菲特的投資秘訣。如果能找到這樣的秘訣，那麼就可以像巴菲特一樣去投資。當然，也要假定我們具備與巴菲特類似的能力，能夠忽略市場上的干擾性因素，避免恐慌性拋售。這些因素導致許多投資者承受了更高的股票交易風險，但最終回報率卻低至債券水準。本書利用一部分章節探討了學術界如何探索這種秘訣—特別是能轉化為有力股價表現、帶來高於市場平均回報率的股票和其他證券的特徵。這樣的特徵，即出現在多種證券中的共同特徵或特徵集合，也可以被稱作因子。所以，因子是用於表述定性主題的定量方式。例如，在本書第三章中，我們將討論價值因子。價值

因子可以通過多種衡量方式，例如股價淨值、市現率、市盈率和市售率來表述。此外本書也討論了，實踐者如何利用學術研究成果去建構投資組合。

你會看到，儘管巴菲特被許多人認為是偉大的自由選股者，但目前人們已經發現，他的成功並非由於自由選股能力。實際上，他的成功是因為他找到了股票的某些關鍵特徵，或因子。這些因子可以帶來高於市場平均水準的回報率。換句話說，如果知道應該去關心哪些因子，那麼只要投資符合這些因子的基金，你就可以複製巴菲特在選股上的成功。這樣說並非貶低巴菲特及其導師（即傳奇價值投資者班傑明·葛拉漢（Benjamin Graham）和大衛·多德（David L. Dodd））的成就。畢竟他們比學術界早了幾十年發現這些特徵。實際上，正是借助對業績優秀的投資者的研究，學術界才得以發現股票的某些重要特徵。在此基礎上，學術研究的目的是判斷，這些投資者取得成功是因為投資了具有普遍性因子或數個因子，還是由於自由選股或把握市場時機的能力。因此，只要我們能發現偉大投資者的秘訣，就無需對個股進行任何基本面研究。通過投資低成本、被動管理型（這意味著不需要特意選擇個股或投資時機）以及包含這些因子的交易所交易基金（ETF）或共同基金，你就可以實現財務傳奇。

在本書中，我們將涉獵廣泛的學術研究。我們引用了過去50年間100多篇學術論文，試圖揭示成功投資的秘訣。我們的

目標並不是要說服你接受任何觀點或關於因子投資相關研究的某些特定解讀，而是提供資訊和資料，使你在獲得充分資訊後做出自己的投資決策。在這個過程中，你會遇到一些專業術語。我們提供了專門的術語表來解釋這些術語，使本書的閱讀更簡單。

如果能辨識這些因子，投資者就可以獲得高額財務報酬。不意外地，關於這方面的目標，許多人已投注了許多心力。在2014年的論文《長期資本預算》（Long-Term Capital Budgeting）中，作者亞倫‧李維（Yaron Levi）和伊沃‧威爾許（Ivo Welch）研究了學術界和實踐者發現的約600個因子。作者坎貝爾‧哈維（Camp-bell R. Harvey，《金融期刊》The Journal of Finance前編輯）、劉岩（Yan Liu）和朱赫青（Zhu Heqing，音譯）在2015年發表的文章《預期回報的截面分析》（...and the Cross-Section of Expected Returns）中報導了，僅從2010年至2012年，業界就發現了59個新因子。他們總共分析了來自頂級期刊和高水準研究論文的315個因子。由於這些投資特徵為數眾多且各有特點，因此在2011年的美國金融協會（American Finance Association）主席報告中，芝加哥大學的約翰‧寇克蘭（John H. Cochrane）教授提出了「因子動物園」一詞。

因子：非傳統的觀點

　　大部分傳統投資組合主要由公開交易的股票和債券構成。與這些投資組合中股票部分相關的風險主要是市場 β，即資產相對大盤的價格波動情況（我們將在第一章中詳細介紹市場 β）。如果某個傳統投資組合中股票和債券的比例分別為60％和40％，那麼由於股票的風險相對比債券更高，價格波動更明顯，因此市場 β 在風險總量中的占比實際上要遠高於60％，甚至超過80％。這是由於股票投資組合的年波動率通常約為20％，而優質中期債券組合的年波動率只有5％左右。因此，投資組合的價格波動和價格下跌風險高於資產配置權重從理論上帶來的影響，股票是其中最重要的原因。

　　2008年金融風暴及股市的大幅下跌促使許多投資者，包括機構投資者，尋找有利於分散風險的其他投資選擇。通常被考慮的目標包括私募股權基金和對沖基金。然而大量證據顯示，這兩種投資選擇與股票之間的相關性係數非常高。例如，尼爾斯‧佩德森（Neils Pedersen）、塞巴斯蒂安‧佩奇（Sébastien Page）和何飛（Fei He）在2014年發表的論文《資產配置：其他投資選擇的風險模型》（Asset Allocation: Risk Models for Alternative Investments）中指出，從1991年12月至2012年12月，私募股權基金和對沖基金與股票之間的相關性係數分別為0.71和0.79。對於這類投資工具，大部分回報率正是來自股票。也就是

說，儘管私募基金和對沖基金投資者嘗試通過分散投資來降低市場 β 風險，但實際上仍面對同樣的風險。克里夫・艾斯尼斯（Clifford Asness）、羅伯特・克雷爾（Robert Krail）和劉約翰（John M. Liew）在2001年發表的文章《對沖基金是否確實能實現對沖？謹慎看待月度回報》（Do Hedge Funds Hedge? Be Cautious in Analyzing Monthly Returns）中得到了同樣的結論。

更麻煩的是，作為某種投資的絕對回報與風險調整後基準值之間的差額，證明了 α 幾乎無法預測。私募基金和對沖基金的過往歷史表現來看，是不支持 α 的。賴瑞・斯韋德羅（Larry Swedroe）和傑瑞德・基澤（Jared Kizer）在他們的著作《你唯一需要的另類投資指南》（The Only Guide to Alternative Investments You'll Ever Need：the Good, the Flawed, the Bad, and the Ugly）中呈現了這個觀點。另一些傳統投資選擇，例如房地產投資信託（REIT）和公共建設，也具有和股票相對的高關聯性。在其他傳統投資中，與股票幾乎無相關性的只有日用商品和林地。

不過，我們可以用另一種非傳統的方式去看待分散投資。投資組合不再被視為是資產類別的集合，而是分散因子的集合。在2012年發表的論文《分散投資的消亡被過分誇大》（The Death of Diversification Has Been Greatly Exaggerated）中，安提・伊爾曼南（Antti Ilmanen）和傑瑞德・基澤（Jared Kizer）充分表達了對因子投資策略的支持。他們的研究成果獲得了「伯恩斯坦・法波齊／賈克伯・列維年度最佳論文獎」（Bernstein

Fabozzi/ Jacobs Levy Award）。論文指出，相較於以資產類別為基礎的分散投資，在降低投資組合波動性及應對市場方向性變化時，以因子為基礎的分散投資具備較佳的效益。

哪些因子是你該列入考慮的？

在擔任白金漢投資和BAM聯盟研究總監期間，賴瑞·斯韋德羅二十多年來持續研究學術文獻並書寫關於這個主題的作品，他的3000多篇文章和部落格貼文是本書重要的素材來源。

我們的目標是釐清看似不透明的複雜問題。閱讀本書，你會發現在「因子動物園」中，只需要少量因子，你就能獲得與巴菲特同樣的投資風格。你還將瞭解如何像之前提到過的那些金融大師們一樣，以低成本、節稅的方式去投資。

為了研究因子動物園中有哪些因子具備投資價值，我們將用到以下判斷標準。針對列入考慮的因子，它必須符合以下的所有測試。首先，該因子必須對投資組合收益提供很好的解釋，並給予較高獲利。此外，該因子必須具備：

■持續性：因子適用於跨時代的長時間軸和多種經濟體制。
■普遍性：因子適用於多個國家、地區、行業甚至資產類別。

■穩健性：因數適用於多種定義。（例如，無論是以市淨率、利潤、現金流或營收來衡量，因子都能帶來有價值的獲利。）

■可投資性：因子不僅存在於理論層面，同時也會將交易成本等實際問題考慮在內。

■直覺性：因子帶來的獲利是能夠以風險或行為學的理論為基礎提供合理解釋，並說明為何因子應該持續存在。

「因子動物園」裡的600個展示品涵蓋許多類別。有些與總體經濟變項有關，其他則和資產特徵相關；有些因子是用風險來解釋，其他則歸因於行為考量，而還有許多因子則同時與兩者相關。

好消息是，在這些提供選擇的眾多因子中，你只需要專注在符合我們標準的八個因子即可。那麼那些不符合的其他因子呢？某些因子經不起時間的考驗，在被發現後就逐漸消失。或許是因為資料探勘或隨機性的結果。亦或許某些因子只在某些特定時期、某些經濟體制內或對某些特定證券有效。許多具備解釋功效的因子則是能夠用我們建議的因子所涵蓋。換句話說，這些因子是共有主題（例如，價值就有很多定義）下的不同變異。我們將在附錄中針對這些其他因子做簡短地討論。

我們的目標是找到一定的因子集合，盡可能充分地解釋分散投資組合帶來的收益差異。實際上，這也是一趟透過時間對

資產定價模型歷史的回顧之旅。整個旅程從50年前開始，當時我們發現了首個資產定價模型，即資本資產定價模型（CAPM）。

資本資產定價模型（CAPM）

以哈利‧馬可維茲（Harry Markowitz）的作品為基礎，約翰‧林特納（John Lintner）、威廉‧夏普（William Sharpe）和傑克‧崔納（Jack Treynor）提出了首個正式的資產定價模型，解釋是什麼帶來了收益。就是他們在1960年代初提出的資本資產定價模型。

資本資產定價模型首次精確定義了風險，以及風險如何帶來預期收益。這有助於我們瞭解一名積極主動的經理人勝過市場的原因是他帶來 α 指標，又或者可以用暴露在某個共同因子來解釋。這是個重要問題，因為積極型經理人會以保證 α 的承諾，收取相對較高的費用。換句話說，如果一名積極的經理人的優於市場表現是因為負載了（即 β）一般共同因子，投資人為了要保證有 α 而付出高價，但實際上得到的只是 β。而如果想要得到這樣的因子，其實用很低的代價就能獲得。

資本資產定價模型：單一因子模型

　　資本資產定價模型從「單一因子」的視角去看待風險和收益：某個投資組合的風險和收益僅僅由市場 β 來決定。這個特定的市場 β 是股票、共同基金或投資組合的風險相對於整個市場風險的敏感程度的衡量標準。這也被稱為不可分散的系統性風險。因為無論你持有多少股票，都無法分散來自市場 β 係數的風險。市場 β 將是我們在因子動物園中遊覽的第一站。

　　　因子投資

CH

1

市場 β

紀律性對於成功的投資至關重要，
你必須有耐心，
並能容忍長時間的低效益投資表現。

關於市場 β 的定義存在著許多誤解。為了能清楚帶出這個主題，我們首先將給出定義，解釋市場 β 究竟是什麼，以及什麼不是市場 β。並且我們也將解釋為何市場 β 如此重要。

首先，市場 β 不是波動，但兩者之間存在關聯。市場 β 呈現的是一項資產跟隨市場整體波動的程度。它在數學上的定義是資產收益與市場收益之間的相關性（即兩個不同變項同時變化的程度），乘以資產波動與市場波動的比率（是藉由收益的標準誤差來衡量）。根據定義，一個市場投資組合包含所有股票（例如 VTSMX 指數基金），具有正好是 1 的 β。如果 β 大於 1，那麼就意味著投資組合的風險相較於整體市場來的更高。如果 β 小於 1，那麼就意味著風險小於整體市場。不過，β 並不只是一個投資組合中，其資產配置裡的股票占比。我們以兩個投資組合為例，來證明這個觀點。

假設 A 投資者持有的投資組合 100％ 全部是股價表現強勁的科技股。A 投資者的投資組合的 β 可能是 1.5。如果大盤上漲 10％，那麼可以預計該投資組合的漲幅將為 15％（10％ 乘以 1.5）。如果大盤下跌 10％，那麼該投資組合的價格將下跌 15％。B 投資者持有的投資組合同樣 100％ 全部是股票，但相對保守許多，投資的是更多防禦型的股票（例如公用事業、超市和藥局等行業）。這些行業不容易受到經濟成長變化所影響。這個投資組合的 β 可能只有 0.7。因此，如果大盤上漲（或下跌）10％，那麼該投資組合的價格上漲（或下跌）只有 7％。

你也可以打造一個只有70％配置在股票上的投資組合。但如果這些股票的 β 為1.43，那麼該投資組合的 β 為1（70％乘以1.43）。很明顯地，投資組合的市場 β 是其風險與預期收益的重要決定因子。

我們現在將用此前提出的一系列標準來檢驗市場 β。我們將從關注市場 β 相對於基準收益率，即1個月美國國債（無風險投資）的溢價開始。要注意的是，在金融行業，溢價的定義通常是兩個因子年平均收益（不是年度收益或年複合回報益）的差額。換句話說，它們就是我們稱的長期/短期投資組合。所以，就市場 β 而言，我們計算出美國股市總體的年平均收益減去1個月美國國債的年平均收益。從1927年至2015年，美國股市的市場 β 溢價為8.3％，不僅是高溢價，而且持續性很好。

持續性

下頁表1.1呈現了從1927年至2015年間，市場 β 溢價的持續性。我們觀察到，該溢價在整個時間區間的2/3都是正數，並且時間軸越長，持續性越好。

除了高持續性之外，美國股市市場 β 溢價的夏普比率（Sharpe Ratio，用於衡量根據風險調整後的收益，具體定義見術語表）為0.4，在我們將討論的所有溢價中排第二。最高的夏

表1.1　領先基準收益率的機率（%）					
	1 年	3 年	5 年	10年	20 年
市場 β	66	76	82	90	96

普比率為0.61，最低為0.06。

　　儘管市場 β 溢價表現出高持續性的特點，並且時間軸越長，其持續性也變得越強。但必須要知道一個重點，無論時間軸有多長，溢價仍有可能變是負數。例如，以5年的時間軸來看，負溢價的比率為18%。以10年和20年的時間軸來看，負溢價的比率分別為10%和4%。這就是預期的結果。如果不是如此，那麼只要你願意在熊市中持股觀望足夠長的時間，投資股票就不會有任何風險。這很明確地就是表現不佳的風險解釋了溢價為何存在。這對所有我們將審視的因子來說一定是真實的。如果沒有任何風險，投資者就會哄抬具有這些特徵的股票的價格，直到溢價消失。

　　關鍵在於，如果你希望從某個因子獲得預期內（但不保證絕對）的溢價，你就必須願意承擔將會持續非常長時間的風險，

這期間的溢價將會是負數。這種時候就是你承擔了風險，但沒有得到回饋。低績效的風險如此關鍵，讓投資人知道不應承擔超出自己能力、意願或需要的風險。這也是為什麼紀律性對於成功的投資至關重要。你必須有耐心，並能容忍長時間的低效益投資表現。巴菲特（Warren Buffett）說過：對投資者來說，最重要的是性格而非智力。他還說過：只要你的智商大於25，投資成功就與智商無關。只要你具備普通人的智商，那麼你所需要的就是不急於求成的性格。在投資過程中，許多人因為過於心急而碰到麻煩。

不幸的是，長期以來的經驗告訴我們，大部分投資人認為3年或甚至5年就已經算是漫漫長日，10年幾乎相當於永恆。但就如同我們所呈現的，10年時間還不足以得出任何結論。無法理解這點以及缺乏耐心，造成許多投資人都有投資效益不佳的慘痛經驗。他們在一段時間的資產價格表現不佳後，會選擇拋售（此時資產價格較低，未來的預期回報很高）。而在資產價格表現較好後，他們又會買入（此時資產價格較高，未來的預期回報降低）。高買低賣不可能帶來成功，但大部分投資者卻都這麼做。

在2011年發表的文章《全球範圍內的股票溢價》（Equity Premiums Around the World）中，作者艾羅伊·迪姆森（Elroy Dimson）、保羅·麥許（Paul Marsh）和邁克·史塔頓（Mike Staunton）發現，自1900年以來，在全球幾乎所有的國家和地區，市場 β 一直都是正數。在《2016年瑞士信貸全球投資效益年鑒》（2016 Credit Suisse GlobalInvestment Returns Yearbook）中，迪姆森、麥許和史塔頓重新評估了市場 β，從一名美國投資人的角度，呈現21個已開發國家市場股票存在風險溢價的證據。1900年至2015年，所有這些國家股票溢價相對於1個月美國國債的溢價始終是正數，溢價幅度從比利時的3.1%到南非的6.3%不等（如表1.2所示）。美國市場（與奧地利）並列第8，溢價為5.5%。在全球範圍，股票風險溢價為4.2%。不包括美國在內的其他地區溢價為3.5%，歐洲為3.4%。過去50年中（1966年至2015年），所有溢價也都為正數，溢價幅度從奧地利的1.4%到瑞典的6.6%不等。美國市場的溢價為4.4%（第9高），全球溢價為4.1%，不包括美國在內的全球其他地區為4.5%，歐洲為5.4%。很明顯，市場 β 溢價具備普遍性。此外也可以看到，美國並不是回報效益最高的國家。

國家	股票風險溢價 1966–2015（%）	股票風險溢價 1900–2015（%）
澳大利亞	3.5	6.0
奧地利	1.4 *	5.5
比利時	3.4	3.1 *
加拿大	2.3	4.1
丹麥	4.8	3.4
芬蘭	6.1	5.9
法國	4.9	6.2
德國	3.9	6.1
愛爾蘭	4.8	3.7
義大利	1.5	5.8
日本	4.0	6.2
荷蘭	5.2	4.4
紐西蘭	3.2	4.4
挪威	4.2	3.1 *
葡萄牙	3.9	4.7
南非	5.9	6.3 **
西班牙	3.7	3.3
瑞典	6.6 **	3.9
瑞士	5.2	3.7
英國	4.6	4.3
美國	4.4	5.5
全球	4.1	4.2
全球，除美國以外	4.5	3.5
歐洲	5.1	3.4

表1.2　全球範圍內的股票風險溢價

說明：* 最低／** 最高

可投資性

　　接近市場的投資組合具有成交額與極小化的交易成本。除此之外，以買賣價差形式表現出的交易成本，以及券商收取的傭金成本正明顯下降。並且，指數型共同基金和交易所交易基金之間的競爭推動費率調降。目前，投資美國整體市場的交易所交易基金最低費率只有0.03％，在整體國際市場上最低為0.13％。

　　兩個案例證明了市場 β 因子的可投資性。首先，從1976年9月（創立以來的首個整月）至2015年，先鋒500指數基金投資者份額（VFINX）的年回收效益為10.8％，同期標準普爾500指數本身（沒有任何費用或交易成本）的回報效益為11.1％。重要的是，VFINX的費率會隨著時間下降。其次，從1992年5月（創立以來的首個整月）至2015年，先鋒整體股市指數基金投資者份額（VTSMX）的年回報效益為9.2％，同期美國整體股市的回報效益為9.3％。美國整體股市的基準是證券價格研究中心（CRSP）的1-10指數（1-10代表了以市值進行10分位元排序的全部股票）。

　　這些是以風險為基礎的清楚又簡單的基本原理，對投資人而言，是期望市場 β 能帶來額外的正收益。首先，股票持有風險與經濟週期緊密相關。所以在經濟衰退期間，依靠工資收入或做生意賺錢的投資人將面臨熊市的雙重打擊。他們可能被裁員，或營業收入變少，甚至破產。大量證據顯示，一般來說，普通散戶投資人極度厭惡風險，因此如果想讓他們接受雙重打擊的風險，尤其考慮到失業或失去營業收入的風險基本上都無法通過保險來規避，那麼就必須提供較高的溢價作為補償。投資人有可能在最壞的時機被迫出售股票（因為失去或是減少了所得收入）。

　　對於股票溢價的存在，我們還有另一種解釋：很大一部分（即便不是全部）股票被高淨值個人所持有。隨著淨資產的遞增，財富的邊際效應（由額外消費帶來的滿足感提升）不斷遞減。儘管財富越多越好，但當個人不必再承擔風險即可維持一定程度的財富之後，只有高風險溢價才有可能吸引他們去承擔風險。

　　此外，還有第三種解釋。這種解釋與投資生命週期和借貸限制有關。年輕投資人的預期投資期限較長，股票溢價也較大，所以一般的年輕投資人對股票會有比較高的投資意願。然而由於收入水準較低，消費需求很高（例如需要買房），貸款能

力不足，因此他們的投資能力有限，很多股票投資行為無法實現。與此相反，老年投資者通常預期投資期限較短，同時沒有能力或意願去承擔股票風險。此外以投資生命來看，他們處於投資退出階段。因此，他們傾向於降低股票在總資產中的占比。最終，股票持有風險集中於有儲蓄習慣的中年人群。然而，這類人群的儲蓄不僅是在為退休做準備，同時也在為孩子的大學教育基金做準備。相對於年輕投資者，他們更可能厭惡風險。畢竟他們必須確保，在臨近退休時，將雙重打擊的風險降到最低。

關於股票溢價還有另一種直覺性解釋：股票的波動性遠高於無風險的1個月美國國債。美國股市指數的年標準差約為20％，但1個月美國國債只有3％左右。股票持有風險顯而易見。在某些時期，股票回報效益大多是負數。例如在1931年，美國股市出現了最糟糕的一年期回報率，達到-43.5％。相比之下，1個月美國國債的回報效益從未在一整年內有過負數。美國股市最慘烈的虧損發生在1929年9月至1932年6月，當時的跌幅超過83％。在這段時間內，1個月美國國債的回報效益為6％。股票的表現比1個月美國國債差接近90％。這就是風險。

下表總結了市場 β 溢價的資料。

表1.3 市場 β（1927-2015）	
	市場 β
年溢價（%）	8.3
夏普比率	0.40
1 年時間內領先的可能性（%）	66
3 年時間內領先的可能性（%）	76
5 年時間內領先的可能性（%）	82
10 年時間內領先的可能性（%）	90
20 年時間內領先的可能性（%）	96

　　很明顯地，市場 β 符合我們的因子檢驗標準，我們可以利用市場 β 因子去配置資產。然而無論對於哪種因子，將多大比例的資產配置於該因子取決於投資者的個人能力、意願及容忍風險的程度。此外，你在資產配置時也需要考慮，投資組合中是否還存在其他的風險投資，以及這些資產的風險與投資組合整體風險之間的相關性。這就好比做飯，好廚師不僅專注於不同食材的品質，還會注重彼此風味的交互影響。簡而言之，不

應用孤立的眼光去看待某種資產的風險。評價某種資產的唯一正確方式是，思考這種資產的加入將給投資組合的整體風險和預期回報效益帶來什麼樣的影響。

資本資產定價模型存在缺陷

在大約30年的時間裡，基於單一因子的資本資產定價模型主導了金融行業的運行。然而就像所有的模型，資本資產定價模型從定義上就存在著缺陷或是錯誤。如果模型完全正確，那麼就會成為定律（例如物理學中的定律）。隨著時間，我們了解了資本資產定價模型只能解釋2/3左右的分散投資組合回報效益差異。舉個簡單的例子：如果投資組合A的回報效益為10％，投資組合B為13％，那麼市場 β 只能解釋兩個投資組合回報效益差異3％中的2％。剩餘的1％是由於運氣、技巧（無論是選股還是投資時機）或某些尚未被辨識出的因子。越來越多不符合資本資產定價模型的異常開始出現，最終幫助我們發現了其他因子。

法馬—佛倫奇三因子模型

洛夫・班茲（Rolf Banz）於1981年所發表的學術文章《普通股回報效益與市值之間的關係》（The Relationship between Return and Market Value of Common Stocks）發現市場 β 無法完全解釋小市值股票平均回報效益較高的現象。桑喬伊・巴蘇（Sanjoy Basu）於1983年所發表的學術論文《有關紐約股票交易所普通股淨收益率、市值與回報效益關係的更多證據》（The Relationship between Earnings' Yield, Market Value and Return for NYSE Common Stocks: Further Evidence）中發現，獲利收益率（即每股利潤和股價之比率，E/P）與平均回報效益之間存在正相關性，而市場 β 無法對此做出解釋。1985年，巴爾・羅森博格（Barr Rosenberg）、肯尼斯・雷德（Kenneth Reid）和羅納德・藍斯汀（Ronald Lanstein）所發表的學術文章《市場失效的有力證據》（Persuasive Evidence of Market Inefficiency）中發現，股票的平均回報效益比率和帳面市值比（B/M）之間存在正相關性。後兩項研究提供的證據表明，除規模溢價之外，價值溢價同樣存在。

法馬—佛倫奇三因子模型極大地優化了資本資產定價模型對投資組合回收效益的解釋能力，可以解釋90％以上的分散投資組合回報效益差異。為了知道這個經過優化的新模型的影響力，我們回到之前最簡單的例子。如果投資組合A的回收效益為10％，投資組合B為13％，市場 β 的差異已解釋了3％回報

率差異中的2％，那麼在加入額外的規模因子和價值因子後，法馬—佛倫奇模型大約可以解釋2.7％的回報率差異。不過，剩餘的0.3％差異可能需要用選股技巧、進場時機或其他尚未辨識出的因子來解釋。

　　接著，我們要來看規模因子，並用之前的標準對其進行檢驗。

規模因子

規模因子的計算方式
是用小市值股票的年平均回報率減去
大市值股票的年平均回報率

我們對規模因子的探討再次從定義開始。正如之前的解釋，所有因子都是多空投資組合。因此，規模因子的計算方式是用小市值股票的年平均回報率減去大市值股票的年平均回報率。因此，該因子也被稱作「SMB」（small minus big），即英文「小減去大」的縮寫。小市值股票的定義是 CRSP（Centre for Research of Security Prices，證券價格研究中心）指數中市值排名後 50％ 的股票，而大市值股票是排名前 50％的股票。從1927年至2015年，美國股市的規模因子溢價為3.3％。

持續性

規模因子也具備持續性的特徵，但不及市場 β 因子。表2.1顯示了從1927年到2015年規模因子溢價的持續性。我們再次看到同樣的趨勢：隨著時間軸變長，因子領先的機率逐漸提高。不過，所具備的價值則稍低。

在這段時間內，規模因子溢價的夏普比率為0.24，是我們探討的所有因子溢價中排名倒數第二。不過，如果以不同方式來定義規模因子溢價，那麼夏普比率也能得到明顯提升。此外，將規模因子與其他因子結合會非常有力。

表2.1 領先的機率（%）					
	1 年	3 年	5年	10年	20 年
規模	59	66	70	77	86

普遍性

　　為了判斷規模因子是否具備普遍性特徵，我們首先比較了MSCI（Morgan Stanley Capital International，摩根史坦利資本國際公司）歐澳遠東指數（該指數跟蹤歐洲、澳洲和遠東地區的已開發國家市場，但不包括美國和加拿大市場的中大型市值股票）和DFA（Dimensional Fund Advisors，空間基金管理公司）國際小市值指數的回收效益。從1970年至2015年，MSCI歐澳遠東指數的回報效益為9.5％，DFA小市值指數的回報效益為14.5％。

　　MSCI自1999年起提供歐洲澳洲遠東小市值指數，因此在使用該指數時，我們只有較短期的資料可以參考。從1999年至2015年，MSCI歐澳遠東指數的回報效益為4.1％，而MSCI歐澳遠東小市值指數的回報效益為8.4％。此外，DFA於2015年發佈

研究報告《歐洲股票回報效益規模》（Dimensions of Equity Returns in Europe），分析了15個歐洲市場從1982年至2014年33年時間的資料。報告指出，整體來看小市值股票存在溢價，只有一個國家例外（即芬蘭，而芬蘭的資料從1990年開始）。

　　利用法馬—佛倫奇指數，我們可以觀察新興市場的情況。從1989年至2015年，法馬—佛倫奇新興市場指數的回報效益為10.4％，法馬—佛倫奇新興市場小市值指數的回報效益為11.7％。這說明了規模因子溢價不僅出現在美國，也出現在全球其他已開發國家和發展中國家的股票市場。

可投資性

　　在配置規模因子的過程中，我們遇到了一個現實問題：小市值股票通常流動性較差，交易成本更高，規模因子溢價是否符合現實？還是這種溢價只是停留在理論中？我們可以透過檢視活躍共同基金的回報效益來回答這個問題。看看它們能否成功掌握小市值股票帶來的回報效益。首先，我們看看橋路超小企業市場基金（Bridgeway Ultra-Small Company Market Fund）的回報效益。選擇這檔基金是因為該基金採用被動管理模式，投資小市值股票（這也被稱作「微型股」）裡最低的部分，對於這類股票，交易成本可能會是嚴重障礙。這檔基金的創立時間為

1997年7月31日。從1997年8月至2015年12月這段期間，基金回收效益為10.3％，優於CRSP9-10指數（以市值來看排名後20％的股票），後者的回報效益為9.5％。此外，這也符合CRSP10指數（市值最小的10％股票）的回報效益。要注意的是，指數本身沒有任何交易成本。此外還值得注意的是，法馬—佛倫奇美國小市值指數的回報效益為8.5％，而另一個小市值指數羅素2000指數的回報效益為7.0％。

此外還有證據證明，資產結構良好的被動管理型基金完全有能力把握小市值股帶來的高回報效益。可以看看DFA美國微型市值投資組合基金（DFA U.S. Micro Cap Porfolio fund，簡稱DFSCX）和DFA小市值投資組合基金（DFA Small Cap Portfolio fund，簡稱DFSTX）的回報效益，目前這兩隻基金的費率分別為0.52％和0.37％。從1982年1月創立到2015年12月，DFSCX的回報效益為11.8％，超出法馬—佛倫奇美國小市值指數0.2個百分點，比CRSP 9-10指數和CRSP 10指數都高0.8個百分點，比羅素2000指數高1.7個百分點。從1992年4月創立至2015年12月，DFSTX的回報率為10.4％，只比法馬—佛倫奇美國小市值指數低0.05個百分點，比羅素2000指數高1.4個百分點。這兩檔基金都把握住了各自資產類別帶來的回報效益。

先鋒基金同樣提供了小市值指數基金，我們可以看看該基金的表現。先峰小市值價值指數基金目前的費率為0.20％（該公司持有成本更低的「上將份額」（admiral shares）共同基金當前

費率只有0.08％）。這檔基金於1989年9月變成指數基金，最初的基準指數為羅素2000指數。由於該指數存在問題，與其他小市值指數相比導致了相對較差的表現，因此先鋒隨後更換了基準指數，最初變為MSCI指數，隨後又調整為CRSP指數。從1989年9月至2015年12月，該基金的回報效益為9.6％，超過羅素2000指數（回報效益為8.9％），但不及CRSP 6-10指數（回報效益為10.5％）。

我們還可以審視DFA國際和新興市場小市值基金的回報效益，並將其與小市值指數的回報效益做對比。自1996年10月創立至2015年，目前費率為0.54％的DFA國際小市值企業投資組合機構類基金（DFA International Small Company Portfolio Institutional Class fund，簡稱DFISX）回報效益為6.7％，不及德明信國際小市值指數（Dimensional International Small Cap Index）的7.7％。不過，如果將其與1999年1月創立的MSCI歐澳遠東小市值指數進行比較，可以發現DFISX優於MSCI指數，兩者的回報效益分別為9.1％和8.0％。關於新興市場，我們發現自1998年4月創立至2015年，目前費率為0.72％的DFA新興市場小市值投資組合基金（DFA Emerging Markets Small Cap Index，簡稱DEMSX）回報效益為10.8％，高於MSCI新興市場小市值指數的6.7％以及法馬—佛倫奇新興市場小市值指數的9.2％。現在我們可以回答最開始提出的問題：證據的主體顯示，實際運作中的基金有能力掌握規模因子所帶來的回報效益。

直覺性

與股票溢價類似，規模因子帶來的回報效益溢價可以用以風險為基礎的明確、簡單的理論來解釋。相對於大市值股票，小市值股票的特徵通常包括以下幾個方面：

- 較高槓桿；
- 資本基數較小，降低這些公司應對經濟困境的能力；
- 獲取資本的能力有限，因此在面對多變的信貸環境時更脆弱；
- 營收的波動更劇烈；
- 盈利水準較低；
- 現金流情況更不確定；
- 流動性較差，導致股票交易成本更高。

其他的解釋可能還包括：

- 商業模式未得到充分證明，甚至完全未得到證明；
- 管理能力的深度不夠。

此外與大市值股票相比，小市值股票更不穩定。從1927年至2015年，小市值股票股價的年標準差約為30％，而大市值股票只有20％左右。兩者相對差異達到50％。此外，小市值公司在經濟低迷情況下業績更差，因此這種資產應當獲得更高的風

險溢價。例如，在1931年「大蕭條」時期，即美國股市表現最差的一年，反映大市值股表現的CRSP 1-5指數下跌43.3％，而反映小市值股表現的CRSP 6-10指數下跌50.2％。在1973年至1974年美國經濟衰退、股市低迷的情況下，大市值股跌幅為39.2％，小市值股跌幅為53.1％。2008年，大市值股跌幅為36.5％，小市值股跌幅為38.7％。

傑拉德‧詹森（Gerald Jensen）和傑佛瑞‧梅瑟（Jeffrey Mercer）在2002年發表的學術論文《貨幣政策與橫斷面預期股票回報效益》（Monetary Policy and the Cross-Section of Expected Stock Returns）中分析了經濟週期風險和規模溢價的關係。他們發現當規模因子是獨立時，小市值溢價在央行採取擴張性貨幣政策時會更明顯。而在收縮貨幣政策時期，規模溢價並不明顯。於是他們得出結論，貨幣政策對規模效應有明顯影響。一般認為，當美聯準採取擴張性貨幣政策，或進行「逆向干預」時，經濟增長狀況通常較好。而如果美聯準採取收縮性貨幣政策，那麼經濟增長就會陷入低迷。

穆恩‧金（Moon K. Kim）和大衛‧伯尼（David A. Burnie）在2002年發表的學術論文《企業規模效應和經濟週期》（The Firm Size Effect and the Economic Cycle）中也研究了企業規模和經濟週期的關係。他們發現在經濟高速增長時期，小公司的發展速度比大公司更快（風險得到了回報），但在經濟增長放緩時業績更糟（風險兌現，通常導致公司破產）。因此可以合理地認

為，規模溢價在經濟週期的不同階段變化明顯。作者認為，規模效應是對經濟週期風險的補償。

這與2006年時和與語基裕（Motohiro Yogo）所發表的學術論文《以消費為基礎來解釋股票收益率》（A Consumption-Based Explanation of Expected Stock Returns）中的結論一致。他發現，在經濟衰退期間，小市值股的回報效益較低，此時消費的邊際效應最高。換句話說，小市值股的回報效益相對於大市值股有更明顯的週期性。因此，在持有這類更高風險股票時，投資者必須獲得更高的預期回報效益。

現在我們還不急於下結論。在討論小市值股票的過程中，如果不關注小市值成長型股票，尤其是那些大舉投資、獲利能力較差的股票，那麼這樣的討論是不完善的。簡單來說，這類股票的回報效益很可能出現異常的偏低。

小市值成長型股票的異常

儘管小市值股票整體能帶來更高的回報效益（即規模溢價），但小市值成長型股票通常會出現低於市場平均水準的回報效益。我們使用法馬—佛倫奇指數為參考，從1927年至2015年，美國大市值股的年回報效益為9.8％，比美國小市值股的年回報效益的11.8％低2％。但不尋常的是，在同一時期裡，美國

小市值成長型股票的年回報效益只有8.7％。

　　同時小市值成長型股票還表現出較高的價格波動性。這些股票回收效益的年標準差為32％，高於小市值股整體的30％。因為如此，小市值成長型股票往往被稱作投資「黑洞」。

行為學解釋

　　行為金融學領域對於這樣的異常所提供的解釋是，投資者更偏好「樂透型」股票。尼可拉斯・巴貝里斯（Nicholas Barberis）和黃明（Ming Huang）於2008年所發表的學術論文《變成樂透彩的股票：可能性對股價影響的啟示》（Stock as Lotteries: The Implications of Probability Weighting for Security Prices），他們發現：

■投資者更偏好呈現正偏態係數的證券，即相對於分佈在平均值左側（小於平均值）的回報效益，分佈在平均值右側（大於平均值）的回報效益較少，但最高值距離平均值更遠。換句話說，這樣的投資更可能帶來高額回報（類似中了樂透彩）。在投資者看來，這種較小的可能性很有吸引力。因此，正偏態係數股票股價更可能被「高估」，但這種股票的平均額外回報更有可能為負數。

■可以用投資人對正偏態係數資產的偏好去解釋有效市場

假說（EMH）中的某些異常。例如，儘管首次公開招股（IPO）、私募股權基金和低價股的風險較高，但平均回報效益仍然較低。

■ 從理論上來說，可以認為，對正偏態係數資產沒有偏好的投資者可能會利用異常來套利。他們願意接受高額虧損的風險，透過做空價格被高估的資產，換取高於預期的回報效益。然而在現實情況下，由於市場上存在套利限制，因此這些異常很難消失。首先，根據市場監管法令，許多機構投資者（例如養老基金、慈善基金和共同基金）被禁止做空部位。

其次，借入股票再做空的成本很高，同時可供借入並用於做空的股票數量很有限。就小市值成長型股票來說，這種限制尤其明顯。

第三，投資人不太願意接受做空風險，因為做空造成的虧損是沒有上限的。這裡可以用到前景理論，即虧損給投資人造成的痛苦要遠大於等額的收益。

第四，做空者必須面對巨大的風險，即在投資策略產生效果之前所借入的股票就得召回。也有可能是他們的策略從一開始就無法得到較好的效果，導致很早就被清盤。

因此，投資人可能不願意做空價格被高估的正偏態係數股票，導致這類異常情況一直存在。

控制垃圾股

　　某些研究者曾經質疑過規模溢價的穩健性。他們指出，自從最初公開發表以來，規模溢價就一直在下降。我們將在第八章中詳細探討因子公開發表後溢價下降的問題，並得出結論：規模因子仍然可以發揮作用。此外，儘管規模因子自身已經很強大，但與其他因子共同使用時，效果會更加明顯。 例如，對小市值股來說，價值因子和動力因子（我們將在下兩章中探討）產生的效應要比大市值股更強。柯里夫・艾斯尼斯（Clifford Asness）、安德烈・弗拉奇尼（Andrea Frazzini）、羅南・伊斯瑞爾（Ronen Israel）、托比亞斯・莫斯科維奇（Tobias Moskowitz）和拉塞・佩德森（Lasse Pederson）在2015年發表的研究論文《規模是關鍵，如果你控制好垃圾股》（Size Matters, If You Control Your Junk）中，進一步加強了我們對規模溢價的理解。他們在控制品質因子（參見第五章）的同時，審視了規模溢價。

　　艾斯尼斯和同事們指出：「品質較差的股票（即垃圾股）通常市值很小，平均回報效益較低，股價偏低，流動性很差。這些特徵造成了規模因子和品質因子之間強烈的負向關係，而垃圾股的回報效益解釋了偶爾出現的規模溢價，以及對這種溢價的質疑。

　　我們將在第五章中探討高品質股票的特徵。簡單說來，這類股票，就是班傑明・格拉漢（Benjamin Graham）和華倫・巴

菲特長期以來支持的股票，表現要好於特徵相反的低品質股票（即所謂的「樂透型」股票）。作者還發現，「小市值高品質股票的表現要好於大市值高品質股票，小市值垃圾股表現要好於大市值垃圾股，但標準的規模效會受到規模-品質綜合效應的影響。」

　　換句話說，除非小市值股的品質較差，否則這類股票的回報效益都會比較高。作者認為，在對品質因子進行控制後，我們能看到更明顯的規模溢價。 這樣的溢價：

■ 是長期保持穩定；

■ 其表達形式具備穩健性；

■ 對不同的季節和市場更具一致性。例如，「1月效應」中的高規模溢價很容易拓展至全年；

■ 並沒有集中於微型市值股；

■ 無法通過低流動性溢價來獲得；

■ 可以解釋規模和其他回報率特徵，例如價值和動量之間的關係；

■ 規模十分位數和額外回報效益之間存在幾乎完美的單調線性關係（當我們從小市值股過渡至大市值股時，額外回報效益會穩定下降，而最終對於市值最大的股票額外回報效益將會是負數）。

另一項重要發現是，高品質股票通常流動性更好。這有助於指導投資組合的建立和配置。

艾斯尼斯和同事們還發現，如果不控制品質因子，而是對低 β 因子（將在本書附錄 D 中討論）進行控制，那麼也能得到類似結果。高 β 股票通常更具投機性（更像樂透彩），歷史回報效益較差。此外，高 β 股票與低品質股票有許多共同特徵。他們還發現，對於兩種最近出現的因子，包括獲利能力因子（即

表2.2　市場 β 和規模（1927-2015）		
	市場 β	規模
年溢價（%）	8.3	3.3
夏普比率	0.40	0.24
1 年時間內領先的可能性（%）	66	59
3 年時間內領先的可能性（%）	76	66
5 年時間內領先的可能性（%）	82	70
10 年時間內領先的可能性（%）	90	77
20 年時間內領先的可能性（%）	96	86

RMW，強勁減去疲軟，參見第五章）和投資因子（即CMA，保守減去激進），小市值股反向暴露在這兩個相對新的因子。獲利能力強的公司表現通常會優於獲利能力弱的公司，而投資較少的公司表現通常優於大舉投資的公司。因此，對這些因子進行控制可以優化規模因子的表現。

在注意到小市值成長型股票「黑洞」帶來的負溢價之後，某些共同基金管理者創設了結構化的被動管理基金，並通過專門的規則去排除存在負面特徵的股票。這些基金管理者包括AQR基金、橋路資本管理公司以及德明信基金顧問公司。

然而，底線是即使不做任何改良，規模因子仍然很明顯符合我們的標準，並可以此開展資產配置。

表2.2展示了到目前為止我們已探討過的兩種溢價的資料。

接下來我們轉向價值因子，並用我們之前的標準對它進行評估。

CH

3

價值因子

價值因子要說的是：

相對便宜的資產通常優於相對昂貴的資產。

尤金・法馬和肯尼・佛倫奇在1992年的論文《預期股票回報的橫斷面》（The Cross-Section of Expected Stock Returns）中提出了法馬—佛倫奇三因子模型。這種模型在市場 β 因子的基礎上加入了規模因子和價值因子。價值因子所說的是，相對便宜的資產通常優於相對昂貴的資產。在加入價值因子之後，我們可以完整地解釋巨星級價值投資者，例如班傑明・葛拉漢和大衛・多德（David Dodd）的漂亮投資業績。這些異於常人的投資人呈現消失的 α，進而轉化成 β（載入因子）。當然，我們也不能因為這種馬後炮就忽視他們的過人能力與創造出的優異表現。畢竟，在這些因子被加入模型甚至成為學術界認可的概念之前，他們就已經在投資策略中運用這些因子。

　　由於所有因子都是多空投資組合，因此價值溢價的計算方式是用價值型股票的年平均回報效益減去成長型股票的年平均回報效益。所以價值因子也稱為「HML」，即用高帳面市值比（BtM）股票（H）的回報效益減去低帳面市值比股票（L）的回報效益。儘管有多種指標都可以衡量價值，但學術界最常用的指標就是帳面市值比。價值型股票被定義為帳面市值比排名前30％的股票，而成長型股票被定義為帳面市值比排名後30％的股票。排名中間40％的股票被視為核心股票。從1927年至2015年，美國股市的年價值溢價為4.8％。

表3.1 領先的機率（%）					
	1 年	3 年	5年	10年	20 年
規模	63	72	78	86	94

持續性

　　價值溢價儘管不如市場 β 溢價那樣有持續力，但卻是優於規模溢價。表3.1顯示了從1927年到2015年價值溢價的持續性。

　　價值溢價的夏普比率為0.34，在我們討論的所有溢價中排名第四。在這裡可以重提一下，最高的夏普比率為0.61，最低為0.06。

普遍性

　　為了判斷價值溢價是否具備普遍性，我們首先比較法馬—佛倫奇國際成長指數的回報效益和法馬—佛倫奇國際價值指數

的回報效益。從1975年至2015年，法馬—佛倫奇國際成長指數的回報效益為8.6%，法馬—佛倫奇國際價值指數的回報效益為13.8%，兩者之差為5.2%。

我們也來觀察新興市場：1989年至2015年，法馬—佛倫奇新興市場成長指數的回收效益為9.3%，法馬—佛倫奇新興市場價值指數的回報效益為13.0%。

從DFA研究團隊的工作，我們還可以看到各個單一歐洲股市的證據。

該公司2015年11月發佈研究報告《歐洲股票回報效益的規模》（Dimensions of Equity Returns in Europe），涵蓋了15個歐洲市場1982年至2014年的情況。研究者發現，在選擇的樣本中，價值型股票的回報效益高於成長型股票。在整個歐洲股市範圍內，價值溢價達到4.9%。而在15個單一市場，價值溢價最低為愛爾蘭的1.5%，最高為瑞典的7.3%。從1982年至2014年，歐洲的價值溢價和美國（4.5%）與全球已開發市場（6.0%）十分接近。

克里夫・艾斯尼斯、托拜亞斯・莫斯科維奇和拉塞・佩德森在2013年所發表的研究《到處都有價值和動能》（Value and Momentum Everywhere）中，發現了價值溢價普遍性的更多證據。作者調查了18個已開發國家市場，包括美國、英國、歐洲大陸和日本的價值因子。最終發現，所有股市都表現出明顯的價值溢價，其中日本股市最為明顯。

可投資性

　　在足夠長的時間跨度內，全球範圍內的價值型指數基金都會超越成長型指數基金。為進一步判斷，實際運作的基金能否把握價值因子帶來的回報，我們比較了DFA價值基金的回報效益與某些價值指數的回報效益。

　　自1993年3月成立到2015年12月，目前費率為0.27％的DFA美國大市值價值投資組合機構類基金（DFA U.S.Large Cap Value Portfolio Institutional Class fund，簡稱DFLVX）回報效益為9.8％，高於MSCI美國主要市場價值指數（回報效益為9.3％）和羅素1000價值指數（回報效益為9.4％）。

　　自1993年4月成立到2015年12月，目前費率為0.52％的DFA美國小市值價值投資組合機構類基金（DFA U.S.Small Cap Value Portfolio Institutional Class fund，簡稱DFSVX）回報效益為11.6％，高於MSCI美國小市值價值指數（回報效益為10.6％）和羅素2000價值指數（回報效益為9.7％）。[6]

　　自1994年6月（MSCI歐澳遠東價值指數的創設日）到2015年12月，目前費率為0.25％的DFA國際價值Ⅲ投資組合基金（DFA International Value III Portfolio fund，簡稱DFVIX）回報效益為5.9％，高於MSCI歐澳遠東價值指數（回報效益為5.1％）。

　　自1995年1月成立到2015年12月，目前費率為0.69％的DFA國際小市值價值投資組合I基金（DFA International Small

Cap Value Portfolio I fund，簡稱DISVX）回報效益為7.4％，與MSCI歐澳遠東小市值價值指數一致。

自1997年1月（MSCI新興市場價值指數的創設日）到2015年12月，目前費率為0.56％的DFA新興市場價值投資組合機構類基金（DFA Emerging Markets Value Portfolio Institutional Class fund，簡稱DFEVX）回報效益為 9.8％，高於MSCI新興市場價值指數（回報效益為5.7％）。

大量證據顯示，實際運作中的基金能掌握價值溢價。越重視對價值型股票的投資，回報效益就越高。

直覺性

關於規模溢價的來源，學術界幾乎沒有爭議（學術界幾乎公認，小市值股票的風險要比大市值股票更高）。然而關於價值溢價的來源，學術界有更多不同意見。許多學者認為，價值溢價是一種異常（違背了有效市場假說），是投資者持續定價錯誤帶來的結果。例如，在評價某家公司時，死抱著財務資料的投資人會天真地根據過往增長率去做判斷，進而過度誇大現有信息的價值，導致成長型公司被持續高估，價值型公司被持續低估。根據行為學理論，投資者常常將熟悉與安全搞混。由於他們通常更熟悉受到炒作的成長型股票，所以這些股票的價格更

可能被高估。

金融經濟學家仍然在爭論，價值溢價來自風險還是投資者行為，而這兩種理論都有證據支持。對於價值溢價，錯誤定價和風險這兩種解釋都扮演了一定的角色。我們首先看看基於風險的解釋在學術界有哪些證據，最開始是1998年的學術文章《價值型股票的風險和回報》（Risk and Return of Value Stocks）。作者陳乃福（Nai-fu Chen）和張峰（Feng Zhang）指出，價值型股票中存在問題（風險）因子。他們研究了價值型公司中3種關於企業經營出問題的直覺性指標：至少下修25%的股利、高權益負債比與高利潤標準差。

他們發現，在根據帳面市值比排序的投資組合中，這3項指標都與回報效益存在高相關性。當這3項指標出現時，回報效益將變得更高。因為所有這些指標都清晰直覺地反映了處於困境中的公司所面臨的風險。作者認為，在這些風險因子之間，以及風險因子與帳面市值比排序之間都具有很高的相關性，這並非偶然。他們認為價值型股票價格較低的原因是，這些公司大多處於困境中，槓桿率較高，面臨獲利風險。由於價值投資者面臨的風險更大，因此這些股票的回收效益也更高。

接著我們可以看看2005年張璐（Lu Zhang）的一篇論文《價值溢價》（The Value Premium）。他得出的結論是，價值溢價可以用價值型股票的不對稱風險來解釋。在經濟發展低迷時，價值型股票比成長型股票的風險更大，而在經濟發展良好時，風

險僅僅比成長型股票略低。作者解釋，價值型公司存在不對稱風險是因為這類公司的資本利用效率通常較低。不對稱風險的重要性來自：

■投資是不可逆的。生產能力一旦投入就很難削減。相對於成長型公司，價值型公司帶有更多非生產性。

■在經濟活動低迷時期，具有非生產性公司（價值型公司）盈利將受到更嚴重的負面影響。這是因為未投入的生產能力帶來了額外負擔。而相較於成長型公司，它們也更難調節這些能力。

■在經濟活動繁榮時期，價值型公司開始投入非生產性，而成長型公司則較難增加生產能力。

■在經濟狀況良好時，資本型股票可以更容易地實現擴張。但在經濟狀況低迷時，調節資本水準極為困難，尤其對價值型公司來說。

■同時考慮到投資者對風險的高度厭惡（尤其是在經濟低迷時期，風險更容易兌現。因為在這種時期，投資者自己的工作有可能不保），最終結果就是明顯而持續的價值溢價。這與2006年時與語基裕發表的學術文章《一種基於消費的股票收益率解釋》（A Consumption-Based Explanation of Expected Stock Returns）得出的結論一致。他發現，與小市值股票類似，在經濟衰退時期，消費的邊際效應達到最高點時，價值型股票帶來的回收效益較

低。換句話說，相對於成長型股票，價值型股票回報率的週期性更明顯。因此，投資者必須獲得較高的預期回報，才會願意持有這種高風險股票。

■ 我們隨後來看看2005年的一項研究《帳面市值比能否衡量風險？》（Is the Book-to-Market Ratio a Measure of Risk）。作者羅伯特‧彼得科特（Robert F. Peterkort）和詹姆斯‧尼爾森（James F. Nelson）設計了一種以槓桿為基礎的方法去研究帳上市值比效應。由於槓桿帶來了風險，如預期地，他們發現股票回收效益和槓桿之間存在正相關關係。他們的回歸分析結果也顯示了，與市場槓桿相比，帳面市值比股票回收效益的解釋能力要好一些。他們認為，這是由於帳面市值比可以反映關於企業資產風險的更多資訊。因此他們得出結論：帳面市值比效應在很大程度上是一種槓桿（風險）效應。作者還順帶發現了另一種有趣的現象：在只考慮所謂的全股份公司（與長期負債相比，這些公司的短期債務非常低）時，帳面市值比效應完全消失。如果說價值溢價是種異常，那麼定價錯誤的現象應當出現在所有高帳面市值比公司中，而與槓桿高低無關。瑞麗莎‧佩特科娃（Ralitsa Petkova）2006年發表的學術論文《預測變數的創新是否只是間接的法馬—佛倫奇因子？》（Do the Fama-French Factors Proxy for Innovations in Predictive Variables?）中得

出了同樣的結論。

　　佩特科娃發現，價值型公司通常都存在經營問題，同時槓桿率較高且現金流的不確定性非常大。因此，可以用違約利差（即高評級債券和低評級債券之間的利差）的不同去解釋回收效益橫斷面。此外，成長型股票是長久期資產（價值很大一部分來自預期中的增長），更類似長期債券。價值型股票的情況相反，屬於短期資產，更類似短期債券。因此，期限利差（即短期債券和長期債券之間的利差）也可以解釋回報效益橫斷面。違約利差和期限利差都呈現出價值是可以衡量經營問題風險的指標。

　　接下來，我們來看看2014年的一項研究論文《價值溢價和違約風險》（Value Premium and Default Risk）。這項研究所使用的資料來自1927年至2011年。作者穆罕默德・艾爾加馬（Mohammed Elgammal）和大衛・麥克米蘭（David G. McMillan）發現，無論是大公司還是小公司，違約風險和價值溢價存在正相關關係，並表現出槓桿效應 。他們的結論是：「違約溢價和價值溢價存在正相關關係，同時有證據表明，價值溢價存在槓桿效應。這給價值溢價來源的風險解釋提供了證據支援。違約溢價反映了宏觀經濟的系統性風險，但價值溢價與投資者自身的理性決策有關。與成長型股票相比，利潤和獲利能力較差的價值型股票更容易出現違約風險。由於槓桿較高，投資者要求價值型股票能帶來更高的回報效益。」

這些著作都說明了價值型股票與資產層面的財務問題有關。價值型股票並不是便宜貨，可以很容易地帶來高回報。它們的價格較低是有原因的，這種原因與風險相關。

最後，我們再看看另一篇論文《價值溢價和經濟活動：來自美國的長期證據》（The Value Premium and Economic Activity: Long-Run Evidence from the United States）。為了驗證價值溢價的風險解釋，作者安琪拉·布萊克（Angela J. Black）、毛斌（Bin Mao）和大衛·麥克米蘭分析了價值溢價和宏觀經濟變數，例如工業產出、通貨膨脹、貨幣供應以及利率之間的關係。他們在研究中使用的資料來自1959年至2005年。以下是研究結果重點。

首先，在經濟擴張時期，工業產能上升，價值型股票相對於成長型股票風險略低。因此，價值型股票的股價上漲要高於成長型股票。這種趨勢導致高帳面市值比股票和低帳面市值比股票之間的回報差距縮小，價值溢價降低。在經濟低迷時期，價值型股票相對於成長型股票風險更大。結果，價值型股票的股價下跌速度比成長型股票更快，而價值溢價出現上升（同時也是風險上升的信號）。因此，價值溢價和工業產出之間存在負相關關係。在最近幾次經濟衰退期間，確實有這樣的情況。例如從2007年12月至2009年6月，價值溢價為每月-0.44％。

其次，價值溢價和貨幣供應之間存在類似的負相關關係。隨著貨幣供應的增長，股價會普遍上漲。價值型股票的價格上

漲幅度通常要高於成長型股票，導致價值溢價減小。當貨幣供應下降時，股價會普遍下跌，而價值型股票的股價下跌更明顯，導致價值溢價上升。

第三，價值溢價和利率之間存在正相關關係。隨著長期利率的上升，股票相對於債券的吸引力下降，導致股價下跌。此時，價值型股票的下跌速度比成長型股票更快，導致了價值溢價的上升。當利率下調時，價值型股票的上漲更快，導致價值溢價減少。

布萊克、毛斌和麥克米蘭發現，整體而言，價值型股票對不好的經濟消息比較敏感，而成長型股票則對好的經濟消息比較敏感。他們所得到的結論是，價值溢價在很大程度上基於經濟基本面風險因子，並隨著宏觀經濟風險出現和消失。[7]

總而言之，關於價值溢價的存在，以風險為基礎的解釋很簡單，也符合邏輯。我們還將再介紹最後一個直覺性解釋。價值型股票相對於市場整體的波動幅度更大。從1927年至2015年，法馬—佛倫奇大市值指數的年標準差為19.7％。法馬—佛倫奇大市值價值指數（不包含公共事業板塊）的年標準差達到26.8％。法馬—佛倫奇大市值成長指數（不包含公共事業板塊）的年標準差為21.5％。我們發現，同樣的模式也出現在小市值股票中。法馬—佛倫奇小市值指數的年標準差為30.1％。而小市值價值指數（不包含公共事業板塊）和小市值成長指數（不包含公共事業板塊）的年標準差均為33.4％。

因此學術研究證明，價值型公司相對於成長型公司利潤和盈利能力較差。在財務困難時期，價值型公司較高的槓桿率加大了風險。在困難時期表現較差的股票理應帶來更高的溢價。為了補償這種高風險，投資者會要求價值型股票比成長型股票回報效益更高。

　　另一方面，價值溢價也可能以行為學理論為基礎去解釋。

以行為學為基礎的解釋（錯誤定價）

　　價值溢價基於行為學的一種解釋方法如下：投資者對成長型公司的預期通常過於樂觀，對價值型公司的預期會過於悲觀。最終，當無法符合這種期待時，股價調整就會發生。最早關於這種解釋的研究是1993年的學術論文《逆向投資、推斷和風險》（Contrarian Investment, Extrapolation and Risk），作者是約瑟夫‧拉克尼謝克（Josef Lakonishok）、安德烈‧史雷佛（Andrei Shleifer）和羅伯特‧威許尼（Robert W. Vishny）。此外還有另一種行為學解釋：投資者誤把熟悉當作安全。由於熱門的成長型股票更為其所熟悉，因此這些股票更可能被高估。

　　約瑟夫‧皮奧特洛斯基（Joseph D. Piotroski）和艾瑞克‧索（Eric C. So）曾於2012年發表學術論文《識別價值／魅力策略中的預期錯誤：一種基本分析方法》（Identifying Expectation Errors

in Value/ Glamour Strategies: A Fundamental Analysis Approach)。
這項研究所使用的資料來自1972年至2010年,對錯誤定價假設進行了驗證。作者尋找了可能的事前偏見,並將以估值倍數的預期與企業基本面狀況進行比較。如果股價未能根據歷史資訊準確而及時地反映未來現金流,導致股價暫時偏離基本面,那麼價值策略就會成功。

皮奧特洛斯基和艾瑞克・索依據企業的帳面市值比將觀察結果分類為價值型投資組合和魅力型(即成長型)投資組合。企業的帳面市值比反映了市場對企業未來表現的期望。如果企業獲得的期望較高,那麼估值就更高,帳上市值比就變低。如果企業獲得的期望較低,那麼估值就偏低,帳面市值比就變高。因此,帳面市值比反映了市場對企業未來表現期望的強弱。

作者利用綜合統計指標FSCORE來評價一家公司短期內的財務狀況。FSCORE利用9個面向的財務信號,應用在衡量一家公司財務狀況的3個不同面向:獲利能力、財務槓桿/流動性變化,以及運營效率變化。FSCORE是綜合品質因子最早的實例之一,我們將在第五章中展開詳細討論。得分最低的公司基本面惡化最嚴重,得分最高的公司基本面強勁。此前的研究已證明,FSCORE與未來的利潤增長和獲利能力具有正相關性。FSCORE較低的公司未來獲利能力會持續惡化,FSCORE較高的公司獲利能力將獲得整體性的提升。

以下是皮奧特洛斯基和艾瑞克・索的主要研究結論:

■以目前的價值／魅力分類來衡量，如果企業獲得的預期與基本面情況一致，那麼對於已有回報效益，價值/魅力效應從統計學意義和經濟學意義來看基本為零。

■傳統價值／魅力策略產生的回報效益集中於以下這樣的企業：以當前價值/魅力歸類來衡量，企業獲得的預期與基本面狀況存在事前偏差。

■有偏差的價值／魅力策略 可以帶來極高的回報，這樣的回報效益明顯高於傳統價值/魅力策略產生的平均回報效益。

　　這篇論文認為，價值型股票相對於成長型股票出現定價錯誤的原因是投資人的行為錯誤，例如過於樂觀、錨定，以及確認偏見，導致投資人低估或忽略不利資訊。如皮奧特洛斯基和艾瑞克·索指出的，「關於企業成長前景，魅力型股票的投資人很可能不願接受與自己觀點不一致，或是反映業績均值回歸效應的資訊。價值型股票本身面臨的困難就超過魅力型股票，對價值型公司的業績預期可能相對悲觀，因此基本面的改善需要更長時間才能在股價上得到體現。」

　　皮奧特洛斯基和艾瑞克·索的發現與價值溢價的錯誤定價解釋一致。他們發現，價值／魅力效應主要表現在帳面市值比反映出的市場預期與基本面（即FSCORE）情況不一致的公司中。如果預期與公司近期基本面一致，那麼價值／魅力效應就

不存在。他們得出的結論是，低帳面市值比和低FSCORE（基本面疲軟）的公司會被持續高估，而高帳面市值比和高FSCORE（基本面強勁）的公司會被持續低估。這類公司最容易出現錯誤定價的現象。作者還指出，儘管傳統的價值/魅力策略（只依靠帳面市值比排序）和有偏差的價值/魅力策略都能持續帶來正的年回報效益，但後者會更頻繁地出現正回報效益。在39年的樣本時間裡，有偏差的價值/魅力策略在35年時間裡產生了正回收效益，而傳統價值／魅力策略只有27年。他們還發現，在除了6年以外的其他年份，有偏差的價值/魅力策略的年回報效益要比傳統價值／魅力策略更高，兩者的平均年回報效益分別為20.8％和10.5％。

導致股票錯誤定價的另一種行為是被稱作「錨定」的偏見。

錨定

在2016年發表的學術文章《不斷變化市盈率的魅力、價值和錨定》（Glamour , Value and Anchoring on the Changing P/E）中，奇斯‧安德森（Keith Anderson）和湯瑪斯‧查斯塔夫尼亞克（Thomasz Zastawniak）證明，成長型股票的獲利前景會被持續高估。他們提出的假設是，魅力型股票和價值型股票的不同經歷可以用已有許多學術論述的「錨定」行為來解釋。

錨定是認知偏見的一種形式，具體描述如下：人們會對某些價值或屬性給予過多重視，並將其做為行動的參考依據，繼而不恰當地評估隨後資料的影響，以支持他們最初的估計。例如，某些投資者會堅持持有失敗的投資，等待這些資產至少實現損益兩平。這時，他們就是將投資的現值錨定至過往價值。

　　錨定是一個如此強大的力量。甚至在實驗中，我們可以對受試者提供與最終答案沒有任何關係的錨定點，而這時錨定偏見將發揮明顯的作用。例如，在一項知名實驗中，丹尼爾・卡尼曼（Daniel Kahneman）和艾莫斯・特維斯基（Amos Tversky）要求受試者旋轉轉盤，轉盤上的數字為10到65，隨後讓他們估計，聯合國有多少比例的成員國來自非洲。在輪盤上轉到數字10的受試者猜測為25％，而轉到數字65的受試者猜測為45％。

對市盈率的錨定

　　安德森和查斯塔維尼亞克假設，在最開始做出投資決策時，投資人可能會錨定至股票市盈率。他們指出：「例如，在看到一家市盈率25倍的公司時，投資者會有意無意地認為，數千名投資者，其中很多人掌握了比我更多的資訊，已經為1美元的利潤支付了25美元的價格。這肯定是家有價值、高成長的公司，才能配得上這樣的市盈率。」

論文作者認為，這樣的投資者「沒有以均值回歸效應為基礎去充分調整對未來的預期」。因此在買入該股票後，投資者傾向認為，「市盈率只可能緩慢變化。然而市盈率很可能會突然發生大幅改變，而不同市盈率將帶來不同的回報效益前景。如果市盈率出現明顯變化，會導致股票回報效益不符合投資者期待，那麼魅力型股票的投資者最後會看到令人失望的結果。」換句話說，投資者傾向認為，高估值股票能長期維持目前業績。然而證據顯示，最終結果可能並非如此。

　　安德森和查斯塔維尼亞克的研究資料來自1983年至2010年。他們按照市盈率對股票進行排序，將其分成15類，其中5類的利潤為負數。平均來看，在給定的任意一年中，樣本中的約1/3股票出現虧損。他們跟蹤了隨後一年每檔股票在各個分類之間的運動情況，並研究了這些運動帶來的平均加權回報效益。他們報告了以下發現：

■對正收益股票的兩個極端情況進行分析後，可以看到價值型股票平均每年優於魅力型股票7.5％。此外，價值型股票的回報標準差僅略高於魅力型股票，這種標準差的不同不足以解釋更高的回報效益。

■無論取什麼樣的時間軸，魅力型股票的回報效益都相對較差。然而，如果持有時間達到2–3年（而不是只有1年），價值型投資者就會獲得明顯更高的回報效益。這與班傑明‧葛拉漢的論斷一致。價值型股票的回報效益首

年只有5％，而第二年和第三年分別達到21％和15％。在此之後，回報效益將下降到只比魅力型股票稍高的水準。

■ 魅力型公司次年有34％的可能會出現虧損，但價值型公司出現虧損可能性只有25％。

■ 嚴重虧損的公司和價值型公司在隔年最可能維持在他們相同水準，這個機率分別為32％和34％。處於兩個極端之間的公司更可能出現變動，而維持相同水準的可能性只有15％到20％。然而，魅力型股票的投資者似乎低估了這些股票的變動趨勢。

■ 嚴重虧損的公司會發現目前慣性很難打破。這些公司只有1/6的可能性於隔年轉虧為盈，同時有27％的可能性被交易所解除上市資格。值得一提的是，這與上一章討論過的小市值成長型股票的樂透效應和較差表現類似。

■ 和維持相同水準的價值型股票相比，維持相同水準的魅力型股票可達到3倍的回報效益（分別為36％和12％）。這可以解釋，為何投資人偏好魅力型股票。然而，在隔年會維持相同水準的股票並不多。其中，魅力型股票出現變動的可能性更大（約占5/6），且隨後的回報較差。此外，如果魅力型股票出現虧損，那麼虧損會逐漸變得更嚴重。例如，極端的魅力型股票，也就是由稍微獲利變為嚴重虧損的魅力型股票，虧損平均為41％。相形之

下，價值型股票更有可能保持或接近價值型市盈率的範圍。

■與大公司相比，小公司更有可能從魅力型分類變動成價值型分類。換句話說，小型高估值公司的股價更有可能大幅下跌，從高估值回歸到合理估值。這類股票最有可能被散戶投資人主導，因此更可能表現出行為偏見。此外，這類股票也最難被套利者做空，導致股價難以回歸。

■嚴重虧損分類中的股票平均回收表現不錯，但回報的中位數很差，與魅力型和價值型分類相比回報標準差達到兩倍。嚴重虧損股票能否帶來良好的回報效益取決於企業能否轉虧為盈，或控制住嚴重虧損。然而每年，嚴重虧損公司有60％的可能被解除上市資格，或是繼續維持嚴重虧損。

以上這些所有發現證明了安德森和查斯塔維尼亞克的假設，就是魅力型投資者會錨定至這類股票較高的市盈率，並忽視市盈率未來變化的可能性。

對於錯誤定價還有另一種解釋，這與厭惡虧損的行為有關。

厭惡虧損

厭惡虧損是一種行為學傾向，就是相較於收益，投資者對虧損更敏感（虧損給投資者心理造成的影響更強烈）。例如，1000美元虧損帶來的痛苦要比1000美元收益帶來的欣喜更明顯。厭惡虧損的傾向意味著，只有可能收益超過均等收益率，普通人才會願意參與均等機會下注。例如，除非可能得到的收益超過2:1，否則沒有人會願意去賭拋硬幣。涉及的下注額越大，他們期望的可能收益就越高。相反情況也是如此：如果賭贏的概率較低，但賭輸的虧損較小、收益較高，就像樂透一樣，那麼投資者也可以接受。在這種情況下，普通人會表現出對風險的偏好。正如我們在第二章中看到的，小市值成長型股票受到投資者的歡迎。

尼可拉斯‧巴貝里斯（Nicholas Barberis）和黃明（Ming Huang）在2001年發表的學術文章《心理帳戶、厭惡虧損以及個股回報》（Mental Accounting, Loss Aversion, and Individual Stock Returns）中作出解釋，投資者對虧損的厭惡程度取決於他們最近的投資是虧損還是獲利。作者指出：「如果近期投資是獲利的，那麼虧損帶來的痛苦就會減弱，因為虧損被之前的獲利抵消。」換句話說，如果投資人的資金來自於之前的投資收益，那麼厭惡風險的傾向就會減弱。作者持續表示：「如果在之前虧損的基礎上有了更進一步虧損，那麼痛苦就會比平常更強烈。在

初次虧損之後，人們會對額外虧損更敏感。」

　　成長型股票大多近期表現良好，股價估值較高。因此，投資者不太會注意未來的虧損，因為這樣的虧損將被近期收益所抵消。因此，他們給予成長型股票的風險溢價較低（也就是他們願意接受更高風險）。這或許可以解釋股價的動力效應（參加第四章），因為當前較低的風險溢價會推動股價上漲到更高水準，同時降低未來的預期回收。另一方面，價值型股票近期表現較差，股價低迷。近期虧損的痛苦導致投資者認為，這些股票風險更高。因此他們上調了風險溢價，導致股價維持較低水準，提高了未來的預期回收效益。

　　我們還想介紹另一種基於行為學的解釋。正如在討論小市值成長型股票異常時所說，許多投資人偏好樂透型投資，即某種投資有較小的機率獲得高額收益。投資者認為這種小機率很有吸引力，導致了正偏態係數型股票（小市值成長型股票）被高估。這也意味著，投資者獲得的平均額外回報是負數。這類股票較差的回報效益同樣也反映在價值溢價之中。

　　以上討論的行為學理論有助於解釋為何價值溢價會如此之高，以至於超過了大部分金融經濟學家認為的符合風險特徵的水準。這也解釋了為何異常模式不會消失—除非，投資者不再表現出人類的行為學特徵。

對不同定義的穩健性

　　儘管最常用的價值指標是帳面市值比，但也有其他指標可以區分便宜和昂貴的股票。如果帳面市值比是可以反映價值溢價的唯一指標，我們就會懷疑價值溢價是否只是來自資料探勘。實際情況並非如此。例如在美國，從1952年至2015年，基於帳面市值比的年價值溢價為4.1％（t統計量[8]為2.4），以現金流股價比4.7％（t統計量為2.9）為基礎，基於利潤股價比為6.3％（t統計量為3.4）。所以說，即使採用不同定義，價值溢價也不會消失。而除了帳面市值比以外，其他定義為基礎的價值溢價更高。還有其他證據可以證明價值溢價的穩健性。布蘭德斯研究所（The Brandes Institute）發佈的研究報告《價值與魅力：長期全球視角》（Value vs. Glamour: A Long-Term Worldwide Perspective）採用了從1980年1月至2014年6月已開發市場的數據。報告發現，無論採用什麼指標，價值溢價基本相仿。以帳面市值比指標為指標，價值溢價為6.1％。以利潤股價比指標為基礎，價值溢價為7.3％。以現金流股價比指標為基礎，價值溢價為8.0％。此外，各類市值的公司都表現出價值溢價（不過小市值股票表現出的價值溢價相對於大市值股票更明顯），而價值溢價也出現在除美國以外的已開發市場以及新興市場（價值溢價的表現最明顯）中。這使我們確信，價值溢價並非隨機性的結果。

表3.2　市場 β、規模和價值（1927-2015）			
	市場 β	規模	價值
年溢價（％）	8.3	3.3	4.8
夏普比率	0.40	0.24	0.34
1 年時間內領先的可能性（％）	66	59	63
3 年時間內領先的可能性（％）	76	66	72
5 年時間內領先的可能性（％）	82	70	78
10 年時間內領先的可能性（％）	90	77	86
20 年時間內領先的可能性（％）	96	86	94

　　總而言之，價值因子符合我們提出的所有標準，投資者可以考慮根據價值因子去進行資產配置。

　　表3.2提供了到目前為止我們所討論因子的資料總結。

　　接下來，我們將關注動力因子。如前所述，我們將根據預設標準對其進行評估。

CH

4

動力因子

動力因子的加入進一步強化了
資產定價模型對回報效益的解釋能力。

動力是一種趨勢，指的是近期表現較好的資產更可能維持較好表現，反之亦然，至少在短期內如此。1997年，馬克·卡哈特（Mark Carhart）在發表的學術文章《共同基金業績的持續性》（Our Persistence in Mutual Fund Performance）中首次使用動力，並結合法馬—佛倫奇三因子，即市場 β、規模和價值，來解釋共同基金的回報效益。關於動力的最初研究來自納拉希姆漢·傑卡帝許（Narasimhan Jegadeesh）和薛爾登·提特曼（Sheridan Titman）。他們於1993年發表學術文章《買入贏家和賣出輸家的回收效益：股市效率的啟示》（Returns to Buying Winners and Selling Losers: Implications for Stock Market Efficiency）。

　　在這裡，我們對動力的定義如下：不含最近一個月，過去12個月（也就是從12個月前到1個月前）的回收效益。排除最近一個月是因為，這段時間更有可能出現趨勢反轉。有人認為，這是微結構效應或者說交易效應的結果。按照這種歷史回報效益來排序，用排名前30％的股票回報減去排名後30％的股票回報，即可得到動力因子。動力因子也被稱為「UMD」，即「最上減去最下」。

　　動力因子的加入進一步強化了資產定價模型對回報效益的解釋能力。三因子模型解釋了分散投資組合約90％的回報差異。在加入動力因子後，可以解釋的情況增加了約5％。因此，這種四因子模型成了金融學的主流模型，被用於分析和解釋投

資經理人與他們所採用的策略的表現。從 1927 年至 2015 年，動力因子的年平均回報效益為 9.6％。

在開始分析之前，需要說明的是學術界研究過兩種不同類型的動力。第一種被稱為橫斷面動力。這正是傑卡帝許、提特曼和卡哈特的研究物件，並使用於四因子模型中。橫斷面動力衡量的是「相對」表現，即某種資產的回報相對於同類別其他資產的回報效益。因此對於給定的資產類別，橫斷面動力策略的做法是可能買進表現相對較好的前 30％的資產，做空表現相對最差的資產。即使所有資產的價格都在上漲，橫斷面動力策略仍然會做空回報效益最低的資產。

另一種類型的動力是時序動力。這也可以稱為趨勢追蹤，即基於某種資產以往的表現來衡量其趨勢。因此與橫斷面動力不同，時序動量衡量單一資產的絕對表現。基於時序動力策略，我們需要買進價格上漲的資產，做空價格下降的資產。與橫斷面動力不同，如果所有資產的價格都在上漲，那麼就不應做空任何資產。

以下的討論專注於橫斷面動力因子。我們將在附錄 F 中進一步分析時序動力。

持續性

從1927年到2015年，動力溢價比美國股票溢價更高，兩者分別為9.6%和8.3%，同時也表現出更強的持續性。

值得一提的是，自傑卡帝許和提特曼1993年論文發表以來，動力溢價已持續存在了超過20年。儘管低於從1927年至2015年的9.6%，但從1994年到2015年的動力溢價仍然高達6.3%。最後，動力溢價的夏普比率為0.61，在我們探討的所有溢價中最高。第二高的夏普比率來自市場 β 溢價，為0.40，排名第三的品質溢價夏普比率為0.38。

表4.1　領先的機率（％）					
	1年	3年	5年	10年	20年
動力	73	86	91	97	100

普遍性

　　關於動力因子是否存在，溢價的規模和持續性提供了強有力的實質證據。除此之外，動力溢價的普遍性也很明顯。在2010年的白皮書《動力溢價的解釋》（Explanations for the Momentum Premium）中，托拜亞斯·莫斯科維奇發現，除美國以外，動力溢價還出現在其他40個國家，涵蓋了十餘種資產類別。克里夫·艾斯尼斯、托拜亞斯·莫斯科維奇和拉塞·佩德森2013年的研究《價值和動力無所不在》（Value and Momentum Everywhere）分析了8個不同市場和資產類別（包括美國、英國、歐洲大陸和日本的個股，以及各國股票指數、政府債券、貨幣和商品期貨）的價值因子和動力因子。他們發現，動力溢價存在於所有資產類別和地區市場，尤其是在歐洲。而在除日本以外的所有地區，動力溢價的統計學意義都非常明顯。

　　2012年的一篇學術論文《國際股票回收的規模、價值和動力》（Size, Value, and Momentum in International Stock Returns）也提供了證據。尤金·法馬（Eugene Fama）和肯尼斯·佛倫奇（Kenneth French）調查了從1989年11月至2011年3月23個市場的股票回報效益，他們將這23個市場分成4個地區，分別為北美（包括美國和加拿大）、日本、亞太（包括澳大利亞、紐西蘭、香港、新加坡，但不包括日本），以及歐洲（包括奧地利、比利時、丹麥、芬蘭、法國、德國、希臘、愛爾蘭、義大利、荷

蘭、挪威、葡萄牙、西班牙、瑞典、瑞士和英國）。他們發現，動力的回報在所有地區均非常強勁，除了日本以外。具體的溢價範圍從北美的每月0.64％（t統計量為 1.9）到歐洲的每月0.92％（t統計量為3.4）。作者還發現，儘管不同市值的分組都表現出動力溢價，但小市值股票，尤其是微型市值股票的動力溢價尤為明顯。全球範圍內動力溢價平均為每月0.62％（t統計量為2.3），其中小市值股票的動力溢價達到每月0.82％（t統計量為3.1），大市值股票的動力溢價為每月0.41％（t統計量為1.4）。 不過在日本，無論是小市值股票還是大市值股票均未表現出動力溢價。這種例外可以簡單地解釋為機率的結果。此外在這段時期，日本市場的價值因子非常明顯，而價值因子和動力因子通常呈現負相關。克里夫·艾斯尼斯在2011年的文章《日本市場的動力：可以證明規則的例外》（Momentum in Japan: The Exception That Proves the Rule）中對日本市場價值因子和動力因子的相互作用展開了詳細研究。

2015年，克里斯多夫·葛濟（Christopher C. Geczy）和米蓋爾·薩莫諾夫（Mikhail Samonov）發表了學術論文《全球多種資產動量的215年：1800—2014（證券、行業、貨幣、債券、大宗商品和股票）》（215 Years of Multi-Asset Momentum: 1800-2014（Equities, Sectors, Currencies, Bonds, Commodities and Stocks）。在所有相關論文中，這篇論文使用的資料所涵蓋的時間範圍最廣。利用全球金融資料庫（Global Financial Data）以及來自彭博

的額外資料，作者創建了可以回溯至1800年的龐大資料庫。這其中包括47個國家的股票指數，48種貨幣（包括歐元）、43個政府債券指數、76種大宗商品、301個全球行業，以及34795支美國股票。他們發現，在這215年的歷史上，6種資產類別（各國股票、貨幣、國債、大宗商品、全球行業以及美國個股）持續表現出動力回報。各國股票的動力（僅使用價格資料，因為較舊的股息資料可能無法獲得）多空利差最大，達到每月0.88%（t統計量為10.6）。以動力的總回報定義來看溢價略低，但仍有每月0.57%（t統計量為6.8）。動力溢價並列第二高的資產分別為貨幣和美國個股，為每月0.51%（t統計量分別為9.6和6.0）。全球行業的動力溢價為每月0.36%（t統計量為6.6），全球國債的動力溢價為每月0.13%（t統計量為2.3）。這是已知時間範圍最長的一項研究，明確證明了動力的持續性和普遍性。

可投資性

儘管動力因子的發現已有很長時間，但仍有人會質疑動力策略在實際資金管理過程中是否真的能發揮作用，因為其帶來的資產周轉率可能會造成較高的額外交易成本。不過，投資者可以使用動力因子去判斷，需要避開哪些資產，以及哪些資產可以持有更長時間，從而避免資產周轉率上升。19世紀時從事

證券交易要困難許多，成本很高，但現在市場流動性已經大幅提升。許多機構投資者都在使用動力因子。

安德烈·弗拉奇尼（Andrea Frazzini）、羅南·伊斯瑞爾（Ronen Israel）和托拜亞斯·莫斯科維奇在研究論文《關於資產定價異常的交易成本》（Trading Costs of Asset Pricing Anomalies）中使用了從1998年至2011年19個已開發國家股市中大型機構投資經理人近1兆美元的真實交易資料。他們分析了套利者的真實交易成本，並將交易成本考慮到動力策略中。以下是他們研究結果的重點：

■ 在實際操作中，交易成本已經降的夠低，因此利用這種策略的潛在資產規模要比以往的研究所認為的要大上許多。這種現象出現的原因是，之前的研究只計算普通投資者的交易成本。然而對利用更複雜策略，例如演算法交易程序的大規模套利者來說，實際成本只有1/10。

■ 用於降低交易成本的策略能明顯提升回收淨值和規模，同時不會引起明顯的投資風格偏離。在這項研究中，機構投資經理自2009年7月以來一直採用單純做多的動力指標。對於大市值、小市值和國際動力基金來說，實際產生、價格造成影響的成本分別只有8.0、18.2和5.9個基點，與根據歷史交易資料得出的估計一致，甚至略低。基於這些資料，作者估計，在美國股市中，規模、價值和動力因子的產值分別為1030億、830億和520億美元，

在全球股市中分別為1560億、1900億和890億美元。

弗拉奇尼、伊斯瑞爾和莫斯科維奇所得到的結論是，動力策略具備很好的穩健性、可配置性，也容易形成規模。我們還要指出，透過與價值因子等資產周轉率較低的因子相結合，動力因子的配置會變得更容易。

關於動力的評論

關於動力因子，有一個問題長期以來困擾著投資者，單純做多的投資者無法利用該因子，該因子只能運用在做空過程中。然而，做空交易的成本更高，因為如果希望做空，那麼首先必須借入股票，就會產生借出費用。但是，克里夫·艾斯尼斯、安德烈·弗拉奇尼、羅南·伊斯瑞爾和托拜亞斯·莫斯科維奇在2014年的學術文章《事實、虛構和動力投資》（Fact, Fiction and Momentum Investing）中指出，美國股票的動力溢價有略高於一半（52％）來自多方。他們還發現，沒有證據顯示，無論是在國際市場，還是在他們研究的5種資產類別中，做空方主導了動力溢價。他們指出，即使做多操作很難利用動力溢價，但「對單純做多的投資者來說，相對於股票在大盤中所占權重，減碼某檔股票類似於做空（不過局限在於，投資者最大的減碼幅度只

能達到股票在指數或市場中所占的權重）」。

艾斯尼斯、弗拉奇尼、伊斯瑞爾和莫斯科維奇還研究了關於動力的第二個疑問，就是動力只存在於交易成本更高的小市值股票中。他們發現，儘管有證據顯示，動力溢價在小市值股票中更明顯，但大市值股票同樣表現出可見的動力溢價。從1927年至2013年，美國小市值股票的動量溢價為每年9.8％，而大市值股票為每年6.8％，兩項資料都具有很強的統計學意義。國際市場的資料也非常類似。

我們還注意到2016年時的一項研究，即來自羅伯特·諾維─馬克斯（Robert Novy-Marx）和米蓋爾·維里科夫（Mihail Velikov）的《異常及其交易成本的分類》（A Taxonomy of Anomalies and Their Trading Costs）。將交易成本估計在內，他們研究了23種市場異常的表現。此外，他們還研究了3種降低交易成本的策略。第一種策略將交易的股票限制在預期交易成本較低的品種內。第二種策略是降低資產調整頻率（但這也意味著，做為策略基礎的信號會無法及時更新）。作者指出，大型機構投資經理非常喜歡這種技術。例如，來自AQR資本管理公司的AQR動力指數是用來追蹤動力策略，同時控制交易成本。該指數是每季而非每月調整。第三種策略是通過引入買入／持有範圍的概念來降低資產周轉率，即持有未來不再買入的股票。德明信基金顧問公司（Dimensional Fund Advisors）及其他公司的小市值基金長期以來都在使用這種策略，MSCI指數目前也是如此。

基於不同策略的不同資產周轉率，諾維-馬克斯和維里科夫將23種異常分成3組，其多空雙方的平均資產周轉時間分別為不到1年1次、1年1到5次以及1年超過5次。中等周轉率策略中包括動力策略、價值和動力相結合的策略，以及價值、動力和盈利能力三者結合的策略。在所有這些異常中，他們發現，多空一方每月周轉率低於50％的策略大多能持續帶來較強的盈利能力，至少在嘗試降低交易成本的情況下會如此。精心設計、以動力策略為基礎的基金則是有著比這個低許多的周轉率。例如，AQR大市值動力風格基金第一級（Large Cap Momentum Style Fund Class I，簡稱AMOMX）和小市值動量風格基金第一級（Small Cap Momentum Style Fund Class I，簡稱ASMOX）年資產周轉率約為80％。諾維-馬克斯和維里科夫認為，精心設計的動力策略可以解決交易成本的問題。總而言之，動力策略成功的關鍵並非簡單地自動調整資產而不關注交易成本。有耐心地開展交易，例如拆分訂單以及設置訂單價格上限以確保流動性，同時允許理論風格的投資組合出現一定的追蹤誤差，可以有效地大幅降低交易成本，提高策略規模，同時不會對策略的本質造成改變。

直覺性

儘管有少數論文認為，動力溢價可以用風險來解釋，但大部分學術研究都更傾向以行為學解釋，即動力的存在是因為投資者對消息反應不足或反應過度。在研究論文《動量溢價的解釋》（Explanations for the Momentum Premium）中，耶魯大學教授托拜亞斯・莫斯科維奇指出：「反應不足是由於資訊逐漸作用在股價，進而引起動力。例如，有大量證據顯示，投資者對於企業財報和股息的消息反應不足。而之後的過度反應是因為，投資者對投資回收的追逐形成了回饋機制，導致股價偏離基本面，因此短期動力最終將會反轉，在長期內造成股價的自我調整。」在 2014 年的論文《溫水煮青蛙：持續資訊和動量》（Frog in the Pan：Continuous Information and Momentum）中，笪治（Zhi Da）、烏米特・古倫（Umit G. Gurun）和米契・瓦拉卡（Mitch Warachka）用「溫水煮青蛙」作比喻，解釋了動力現象。

根據「溫水煮青蛙」的故事，如果將青蛙丟到開水裡，那麼青蛙將立刻跳出來，因為激烈的溫度變化會出現立即反應。相反地，如果將青蛙放在水溫逐漸升高的鍋裡，那麼青蛙的反應會變得遲鈍，並最終走向死亡。

（需要說明的是，這個比喻有達到解釋的目的，但就科學來說是不正確的。此外，本書在寫作過程中也沒有青蛙受到傷害。）有證據顯示，人類對於一系列微小變化的反應與一項重大

變化的反應明顯不同，即使這一系列微小變化產生的影響總和與重大變化一樣。例如，消費者對於物價多次小幅上漲與一次性大幅上漲的反應截然不同。因此，許多公司在漲價時通常都會選擇逐步的小幅上漲，以免引起消費者的注意，而在降價時則會一次性大幅降價。這種行為可以用所謂的「有限注意力偏見」來解釋。類似地，這種理論也可以解釋，近期回收效益極高的共同基金為何會吸引資金的大量流入。

有限注意力理論暗示性地認為，注意力上限的存在導致投資者在一段時期內只能接受關於所有公司的一定量資訊。例如，在財報密集發佈之後的一段時間內，股價漂移會更明顯，因為投資者被這段時間發佈的大量資訊弄得精疲力竭。所以，如果投資者對少量、持續性資訊的反應方式與同時接受大量資訊時有所不同，那麼就可以從行為學上去解釋動力。

在之前提到的論文中，笪治、古倫和瓦拉卡假定，對於與公司有關的信息，投資者的注意力上限較低，特別是對於持續、少量發佈的資訊會反應不足。以股價變化作為衡量持續性資訊的方式，他們發現，如果採取少量而持續的資訊發佈方式，那麼動力利潤可以持續8個月。而如果一次性發佈所有信息，那麼動力利潤只能持續2個月。作者還發現，與假設一致，在接受少量而持續資訊的情況下，證券分析師的預測更有可能出錯。持續發佈的資訊很難吸引分析師關注，而這將影響資產價格，引發強勁而持續的動力。在6個月持有期中，持續發佈資

訊股票的形成期內動力回報效益為8.9％，而分散發佈資訊的股票動力回報效益只有2.9％，而介於這兩者之間的股票回收效益呈現單調下降。最後，大量媒體報導和大量分析師關注分別對應於分散資訊和持續信息，而管理層定期的資訊披露對應於持續、良好的資訊發佈。換句話說，企業經理人傾向儘快發佈較好的資訊，推遲發佈糟糕的資訊。

另一種行為學解釋是基於「處置效應」。投資者通常會提前出售已經出現獲利的投資，從而鎖定獲利，並持有虧損投資太長時間，期望最終損益兩平。莫斯科維奇認為：「處置效應造成了人為的逆勢局面：在好消息公佈時，資產價格不會立即上漲至真實價值，因為投資者會抓緊拋售，或不再買入。同樣地，當宣布壞消息時，價格下跌也不會太嚴重，因為投資者拒絕出售。」

馬可斯‧巴爾澤（Markus Baltzer）、史蒂芬‧詹克（Stephan Jank）和艾薩德‧斯邁爾貝格維奇（Esad Smajlbegovic）也對動力及其引起的投資失敗傾向進行了研究。在2015年的論文《誰在以動力進行交易？》（Who Trades on Momentum?）中，作者分析了從2006年至2012年德國股市（全球第七大股市）獨特的股票持有資訊資料。作者研究了在2008年至2009年金融危機之前、期間和之後，不同類型投資者的投資決策。透過觀察市場整體的股票持有結構，他們試圖判斷，哪些投資者在以動力因子為基礎進行交易，哪些投資者在進行反向交易。以下是他們研究

結果的重點：

■動力交易者包括金融機構，尤其是共同基金和外國投資者（通常是機構投資者），而散戶通常會進行反向交易。這項資料的置信水準為1%，具有統計學意義。

■如果分別關注績優股和績差股，那麼動力交易通常出現在績差股中。

■反向交易的程度與散戶投資者的金融學深度呈現負相關，而金融學深度可以通過投資者的平均金融財富和在地偏見來衡量。這兩種指標在學術界很常用。投資者的金融學深度越深，反向交易行為就越不明顯。換句話說，缺乏金融學深度會令投資者付出代價。

■在市場衰退，波動性升高期間，動力交易的總體規模上升。

■如果分別關注績優股和績差股，那麼在經濟低迷時期，只有績差股會被拋售更多。投資者買入績優股的行為與商業週期、市場狀態和波動性關係較小。

■前期活躍（出現上升）的動力交易意味著未來的動量利潤下降。機構對績差股的更多拋售表明了動量策略的反轉。

作者指出，他們的結論與之前的研究一致，即散戶投資者往往表現出較強的反向操作趨勢。他們表示：「受處置效應影響的投資者，即散戶投資者引起了價格扭曲，導致績優股價格不

能充分上漲，績差股價格被高估。這樣的趨勢被理性投資者，包括機構投資者和國外投資者所利用。」理性投資者會嘗試利用這種錯誤定價，但由於套利限制的存在，因此股價只會緩慢收斂，推動動力利潤的上升。

作者還指出，此前的研究表明，「套利者會嘗試利用其他投資者對消息的延遲反應。然而，市場中過多的動力交易將造成套利者的過度反應，導致價格偏離基本面，以及長期的回收反轉」。他們提供的證據顯示，機構投資者對績差股的額外拋售造成了2009年的動力反轉，這與之前研究結論一致。巴爾澤、詹克和斯邁爾貝格維奇寫道：「特別需要指出的是，我們發現機構和國外投資者在經濟低迷時期拋售績差股將導致動力策略的反轉。」他們得到的結論是：「在市場衰退、波動升高期間，績差股的動力交易會上升。這預言了未來的動力回報，並且有助於對不同時期動力利潤的研究。」這與之前的研究結論一致，即動力策略的獲利能力會隨時間變化，在波動上升時期導致投資失敗。這也是動力策略的不足之處。

所有這些解釋都符合我們的直覺看法。另一方面，以風險為基礎的解釋似乎違背直覺：在產生積極回收之後，資產的風險應該上升。不過，仍有多篇學術論文嘗試從風險的角度去解釋。莫斯科維奇在一篇論文中對風險解釋做了總結：「過去的贏家未來面臨的風險較大，這要不就是因為它們的增長前景被認為更有風險，要不就是因為它們比以往面臨更大的市場 β 風

險，因為它們的投資機會已經調整。無論是哪種情況，過去一年回收效益大幅上升（下降）的公司將面臨更高（更低）的資本成本，因為它們的現金流風險和/或風險暴露已上升（下降）。」

不過，1997年克里夫・艾斯尼斯曾在一篇文章中提供了將動力因子以風險為基礎的直覺解釋。這篇文章的標題為《價值和動力策略的交互作用》（The Interaction Value of Momentum Strategies），是他在研修博士學位時期的動力因子研究的延續。[9]艾斯尼斯發現，在成長機會較好，現金流有風險的股票中，動力因子表現得更明顯。這些股票面臨的風險在於，實際增長可能無法達到預期，以及現金流表現令人失望。其他論文也發現，流動性風險至少可以部分解釋動力現象。相對而言，近期表現較好的股票流動性風險更高，因此未來會出現回收溢價。關於流動性風險還有另一種解釋：遭遇資金大規模流出的共同基金會拋售投資資產，而資金大規模流入的共同基金可能會參與「粉飾門面」的活動，買入近期表現較好的股票。

隨著價格上漲，風險會上升，這正是動力的具體表現。對此進行解釋難度更大。然而，正如我們將在第八章中討論的，行為學解釋已經足夠，因為人類行為通常都有很好的持續性，而套利者會面臨限制，導致理性投資者難以修正錯誤定價。此外，在動力因子的公開發表，普通投資者意識到異常存在之後，動力溢價仍然會保持較高水準。

對不同定義的穩健性

判斷動力最常用的指標是過去12個月（不包括最近一個月）的回報效益，但也可以使用其他時間軸，例如6個月或9個月的回報效益，來研究動力溢價。使用其他指標，例如殘餘回收（在考慮其他因子之後），我們也可以看到動力效應。此外，其他所謂的「基本面動力」指標，例如利潤動力、利潤率變化和分析師預期變化，都表現出了動力溢價。

考慮到這些證據，我們認為，動力因子很明顯滿足據此進行資產配置的全部標準。不過在結束本章之前，關於如何配置多空動力策略，還有另一個重要問題有待討論。

動力策略的配置

儘管在所有因子中，動力因子給投資者帶來的風險調整後預期回收效益最高，但動力因子也存在著「陰暗面」：動力策略可能造成的虧損也最嚴重。根據年度資料，可以看到高額收益的代價是高達13％的額外峰度（即「肥尾」），以及-2.5％、很明顯的左偏斜。這就是說，與回收效益大於平均值的機率相比，回收小於平均值的機率較低，但幅度會更大。動力策略的這兩種特徵意味著，投資者可能會蒙受嚴重虧損。換句話說，動力

回報帶來的「免費午餐」可能會迅速變成「自由落體」，導致投資者過去幾年的額外回收很快地損失殆盡。因此，對強烈厭惡風險的投資者來說，這種策略沒有吸引力（這也是關於動力為何存在風險的解釋）。值得指出的是，動力策略引發的高額虧損更可能發生在趨勢反轉期間，例如從2009年3月開始的一段時間。如果發生趨勢反轉，那麼市場將從嚴重虧損中大幅反彈，低動力股票會帶來最高的收益。儘管高動力股票也會上漲，但收益要小很多。因此，單純做多的動力策略不太容易失敗，而多空動力策略更容易出問題。

佩卓‧巴羅梭（Pedro Barroso）和佩卓‧桑塔—克拉拉（Pedro Santa-Clara）於2015年發表學術文章《動力自有其時機》（Momentum Has Its Moments）。文章中指出，動力風險在不同時期差別不同，這是可以預測的。他們發現，動力可預測性的主要原因並不是系統性風險，而是隨時間變化的個體風險。儘管回收效益很難預測，但波動性的預測沒有這麼難。原因在於，本月波動性提供的資訊可以應用於下月，因此波動性可以成為有效的風險管理輸入資訊，降低多空動力策略失敗的風險。

我們可以透過不斷調整動力因子投資部位來降低失敗的風險。作者發現，如果以之前6個月的日回報的變化為基礎對動力部位進行調節，那麼這種根據風險來管理的動力策略能實現更高的累計回收，同時風險較低。這種靈活的動力策略權重會隨時間變化，從0.13至2.00不等。其中最低值發生在30年代初、

2000-2002年，以及2008-2009年。平均來看，權重為0.90，略低於完全投資份額。巴羅梭和桑塔—克拉拉認為：「根據風險來管理的動力策略只依賴於事前資訊。因此，策略可以即時配置。」他們介紹了如何對策略規模進行調節，進而降低失敗風險，包括降低峰度和左偏斜。這種風險管理的好處在市場動盪時期最為明顯。作者指出：「根據風險來管理的策略不存在可變的持續風險，因此風險管理確實有效。」

透過追蹤市場波動，多空動力策略會在市場波動明顯時減少投入的資金，降低槓桿，並在市場波動不明顯時投入更多資金，增加槓桿。根據以往經驗，這種方法可以抑制資產價格的波動，同時不會對收益率造成負面影響。AQR資本管理公司在風格溢價替代基金第一級（QSPIZ）中就採用了這種追蹤波動性的方法。

儘管許多投資者認為，嚴重虧損會導致市場波動性上升（在這種情況下，跟蹤波動性的策略會在股價下跌之後出售股票），但AQR的研究表明，根據以往經驗，實際情況並非如此。實際上，相反情況出現的可能性更大，即市場波動性上升通常會提前於股價大幅下跌。AQR選擇了從2000年至2011年不同資產類別的70多種投資，分析了相對於持續的名義持有，持續追蹤波動性的策略（使用滾動的21天波動性指標）如何改變風險和投資業績。他們發現，峰度在80％的情況下會降低。此外在70％的情況下，夏普比率都會上升，所有資產的平均值從0.32

上升至0.40。

此外，透過降低嚴重虧損的風險，追蹤波動性的策略有助於增強投資者的紀律性，降低投資者放棄交易計畫、陷入恐慌拋售的可能性。

2016年，丹尼斯·柴夫斯（Denis B. Chaves）的研究文章《特別的動力：美國和國際市場的證據》（Idiosyncratic Momentum: U.S. and International Evidence）介紹了另一種降低動力策略失敗的方法。他利用回歸方法扣除了來自市場 β 的溢價，重新定義了一種降低波動性的動力。他的研究樣本涵蓋了 21 個國家和美國。有趣的是，這種新定義的動力也適用於日本。正如之前所說，傳統的動力定義在日本市場效果不好。橋路小市值動量基金第 N 級（Bridgeway's Small Cap Momentum Fund Class N，簡稱 BRSMX）就利用了類似方法，對風險進行調節。

最後，我們必須關注的另一個觀點是，基於不同因子的分散投資是降低動力策略失敗風險的好辦法。例如，由於動力和價值呈負相關，因此將動力要素結合到價值導向型投資組合會極為有效。不幸的是，許多投資者會不自覺地傾向關注單一策略，或是以孤立方式來看待各個因子。但實際上，一種策略最重要的是對投資組合整體的影響。我們將在第九章中詳細討論這個問題，即如何綜合運用多種因子。

表4.2提供了到目前為止我們所討論因子的資料總結。

表4.2　市場 β、規模、價值和動力（1927-2015）				
	市場 β	規模	價值	動力
年溢價（％）	8.3	3.3	4.8	9.6
夏普比率	0.40	0.24	0.34	0.61
1 年時間內領先的可能性（％）	66	59	63	73
3 年時間內領先的可能性（％）	76	66	72	86
5 年時間內領先的可能性（％）	82	70	78	91
10 年時間內領先的可能性（％）	90	77	86	97
20 年時間內領先的可能性（％）	96	86	94	100

　　接下來，我們將轉向與此相關並且近期剛剛被「發現」的獲利能力和品質因子，並用我們的標準對其進行評價。

獲利能力和
品質因子

獲利能力的定義是
用營收減去售出商品成本。

如上文所述，馬克・卡哈特1997年發表的學術文章《關於共同基金表現的持續性》（On Persistence in Mutual Fund Performance）提出了四因子模型，在市場 β、規模和價值的基礎上加入了動力要素。這成了金融行業實際運用的主流模型。接下來的另一項重要貢獻來自羅伯特・諾維-馬克斯。他於2013年發表的學術文章《價值的另一面：毛利溢價》（The Other Side of Value: The Gross Profitability Premium）不僅給投資者提供了關於股票回報橫斷面的新視角，還進一步解釋了華倫・巴菲特取得驚人業績的原因。

諾維—馬克斯的研究是以2006年的一篇學術論文《獲利、投資和平均回收》（Profitability, Investment and Average Returns）為基礎，作者為尤金・法馬和肯尼斯・佛倫奇。他們證明了在對帳面市值比和投資因素進行控制後，以利潤來看獲利能力強的公司會帶來較高的回報。與其他因子的情況類似，班傑明・葛拉漢和大衛・多德等實踐者運用獲利能力因子已有幾十年時間。諾維-馬克斯的工作研究了毛利，也就是銷售額減去售出商品成本，時間軸為1962年至2010年。以下是他論文的重點：

■ 以毛利占資產的比例來衡量，獲利能力在預測平均回收效益時與帳面市值比（一種衡量價值的方式）有同樣的效果。

■ 令人驚訝的是，獲利的公司相對於不獲利的公司明顯帶來了更高的回收，儘管這些公司的估值比率同樣較高

（例如表現為較高的市淨率）。

■獲利的公司通常是成長型公司，這意味著它們的擴張相
對較快。獲得毛利能力是預測未來增長，以及利潤、自
由現金流和股息的重要指標。

■獲利能力最強的公司平均每月帶來的回報要比獲利能力
最弱的公司高0.31％。這一資料具有統計學意義，t統計
量為2.49。

■以法馬—佛倫奇三因子模型來看，異常回報（α），即獲
利的公司與不獲利的公司回報差額為每月0.52％，t統計
量為4.49。

■這些回報效益資料具有經濟學意義，即使市值最大、流
動性最強的股票也是如此。

■在預測回報橫斷面方面，相較於以利潤為基礎的獲利能
力指標，毛利獲利能力指標的預測能力更強。

■高資產周轉率（具體定義為銷售額除以資產，這是一種衡
量營運效率的會計指標）驅使獲利的公司帶來更高的平均
回報。較高的毛利率是「良性增長」股票的重要特徵。

■對獲利能力指標進行控制後，我們可以極大地優化價值
策略的表現，尤其是在市值最大、流動性最強的公司
中。對帳面市值比進行控制後，我們可以提高獲利能力
策略的表現。

■儘管獲利能力更強的成長型公司通常要比獲利能力較弱

的成長型公司規模更大，但獲利能力更強的價值型公司比獲利能力較弱的價值型公司規模偏小。

■基於毛利能力的策略能帶來類似價值策略的額外回收效益，即使這從本質上來看是種成長型策略。

■由於毛利資產比率與帳面市值比都表現出高度的持續性，因此獲利能力策略和價值策略帶來的周轉率都相對較低。

■基於獲利能力的策略是成長型策略，因此可以很好地對沖價值型策略。在價值型策略的基礎上加入獲利能力因子有助於降低策略整體的波動性。

■以上最後一點實際上是價值策略配置的一種方式。獲利能力策略和價值策略帶來的月平均回收分別為0.31％和0.41％，標準差分別為2.94％和3.27％。然而，如果同時使用兩種策略，那麼投資者將可以同時獲得兩方面的回收，即每月0.71％，同時波動性風險不會出現上升。儘管多空部位將達到單獨策略的兩倍，但混合型策略的月標準差只有2.89％，因為在樣本中，兩種策略回收的相關性為-0.57。儘管兩種因子都可以帶來回收，但負相關關係意味著兩種因子通常會在不同時期發揮作用，進而確保波動性較低。混合型策略月平均回收的t統計量為5.87，已實現的年夏普比率為0.85，達到市場總體夏普比率0.34的2.5倍。

為了進一步證明，兩種策略可以很好地配合，我們可以思考以下情況：儘管獲利能力策略和價值策略在完整樣本週期中都有良好的表現，但兩者都在某些階段造成了虧損。從1970年代中期到1980年代初，以及2000年代中期，獲利能力策略的表現很差。價值策略表現較差的時期為1990年代。然而，當價值策略表現較差時，獲利能力策略通常表現較好，反之亦然。因此，混合配置的獲利能力/價值策略從不會在5年的時間週期中出現虧損。

　　雷‧包爾（Ray Ball）、約瑟夫‧傑拉科斯（Joseph Gerakos）、朱哈尼‧林奈馬（Juhani Linnainmaa）和瓦萊利‧尼可列夫（Valeri Nikolaev）於2016年發表論文《股票回收中的收益、現金流和營運獲利》（Accurals, Cash Flows, and Operating Profitability），提供了關於獲利能力因子更多、更重要的資訊。他們觀察到，獲利能力包括應計項目（這是會計為衡量利潤對營運現金流所做的調整）在與現金流指標合併使用的情況下可以更好地衡量當期表現。這種經過優化的指標能發揮更大的作用。原因在於，如研究所示，應計項目和預期回收之間存在強烈負相關關係。這種關係被稱為「應計異常」。之所以稱為異常是因為當前沒有一種因子模型可提供解釋。論文的資料來自1963年7月至2013年12月。以下是研究結果的重點：

■扣除會計上的應計調整後，以現金為基礎的營運獲利能力指標要優於其他獲利能力指標，包括以營運利潤率

（包含應計項目在內）、毛利潤率和淨利潤率為基礎的獲利能力指標。

■以現金為基礎的營運獲利能力指標帶來的平均年回收為4.8％，高於營運利潤率的3.5％。兩者的t統計量分別為6.3和4.0。

■單純來自應計項目的獲利能力提升與預期回報橫斷面之間沒有任何關係。

■以現金為基礎的營運獲利能力指標能適當解釋預期回報橫斷面，這是由於應計異常被考慮在內。在建立投資組合時，單純以現金為基礎的營運獲利能力策略要比包含應計項目在內的獲利能力策略更有優勢。

■以現金為基礎的營運獲利能力指標可以解釋最長未來10年的預期回收。這說明了這樣的異常並非是因為來自最初利潤的定價錯誤，或是其兩大元素—現金流和應計項目。

包爾與同事得到的結論是：「在結合考慮的情況下，我們的發現為應計異常提供了簡單而有說服力的解釋。當前應計項目較高的公司未來的回收較低，這是因為從現金來看它們的獲利能力較弱。」

正如之前所說，由於所有因子都是多空投資組合，獲利能力因子的計算方式是用獲利能力前30％公司的年平均回收減去

獲利能力後30％公司的年平均回收。這在學術界被稱作RMW，即「強勁減去疲軟」。

持續性

再次說明，獲利能力的定義是用營收減去售出商品成本。從1927年至2015年，獲利能力最強的公司年平均回收要比獲利能力最弱的公司高3.1％。表5.1顯示了在這一期間獲利能力溢價的持續性。

獲利能力溢價的夏普比率為0.33，是我們關注的所有溢價中排名倒數第三。

表5.1 領先的機率（％）					
	1年	3年	5年	10年	20年
獲利能力	63	72	77	85	93

在2013年的研究中，諾維-馬克斯在國際市場上檢驗了盈利能力策略，得到了類似結論。這說明了獲利能力溢價具有普遍性。這項研究使用的資料來 1990年7月至2009年10月，包含了以下主要的已開發市場：澳大利亞、奧地利、比利時、加拿大、丹麥、芬蘭、法國、德國、英國、香港、義大利、日本、荷蘭、紐西蘭、挪威、新加坡、西班牙、瑞典和瑞士。

做為進一步的證據，德明信基金顧問公司於2015年發佈研究報告《歐洲股票回收效益的規模》（Dimensions of Equity Returns in Europe），涵蓋了15個歐洲市場從1982年至2014年33年時間的數據。報告發現，歐洲的年平均獲利能力溢價為3.6％，在15個國家中的有11個超過2％。在比利時和芬蘭，該溢價為負數。這再次證明了分散投資所帶來的幫助。在這一期間，美國市場的獲利能力溢價為4.4％。

2013年，瑪莎·高登（Masha Gordon）發佈研究報告《新興市場的獲利能力溢價》（The Profitability Premium in EM Markets）。在這份報告中，我們看到了新興市場的獲利能力溢價資料。這項研究的資料來自1998年1月至2013年9月。研究發現，平均加權策略，也就是做多高淨資產收益率（Return on Equity，簡稱ROE），做空低淨資產收益率的策略，年回收能達到5.1％，統計信心水平為10％（t統計量為1.7）。需要指出的一點是，新興

市場資料的歷史相對較短，因此很難帶來較高的t統計量。如果用已投資資本收益率（Return on Invested Capital，簡稱ROIC）來分析，那麼年溢價為3.6％，t統計量為1.2。以毛利潤（營收減去銷售商品的成本）來看，溢價的統計信心水準為9.0％（t統計量為2.79）。這樣的結果與美國市場類似，就是毛利潤的效果比淨資產收益率和已投資資本收益率好。在這一期間，新興市場的股票溢價為6.7％。因此，我們有三種盈利能力指標，分別為淨資產收益率、已投資資本收益率和毛利潤。這三種指標在新興市場都能帶來較高的溢價，不過只有最後一個才能提供5％的統計信心水準。尤其是在以毛利潤為基礎的情況下，獲利能力溢價要比股票溢價更高。研究顯示，毛利潤可能是衡量品質的最佳指標（我們稍後將在本章中展開討論）。

直覺性

對於獲利能力溢價，學術研究同時提供了以風險為基礎的解釋和行為學解釋。對於以風險為基礎的解釋，有一個問題在於，以直覺來看，相較於不獲利的公司，獲利能力強的公司運營槓桿更低，不太容易出問題。因此這些公司的風險較小。另一方面，獲利能力強的公司通常是成長型公司，這些公司的現金流更可能來自長遠的未來。然而，這種長遠未來的現金流不

確定性更大，因此需要獲得風險溢價。另一種以風險為基礎的解釋是，更強的獲利能力可以吸引更多競爭，進而影響公司的利潤，導致未來的現金流出現不確定性。這樣的情況也帶來了更高的風險，並需要獲得風險溢價。

萊恩·劉（Ryan Liu）2015年發表學術論文《獲利能力溢價：風險還是定價錯誤？》（Profitablility Premium: Risk or Mispricing?），得到了與之前研究一致的結論。他發現從1963年7月至2013年，獲利的公司表現持續優於未獲利的公司（在他的樣本中，有如此結果的年份達到73％）。與此同時，回收的波動性也較低，進而帶來了更高的夏普比率。

儘管獲利的公司能帶來更高的無條件回收，但如果在經濟低迷時期回收效益最低，那麼這樣的公司仍然可能被投資者敬而遠之。投資者通常最關心經濟低迷時期的回報效益。在這樣的時期中，財富的邊際效應最高。然而萊恩·劉發現，在經濟衰退期間，獲利能力溢價還會更高。在經濟低迷時期，獲利的公司表現要比不獲利的公司更好。正如上文所說，這時邊際效應（收入或財富增量帶來的幫助）最高。因此，獲利的公司更不容易受到不利於宏觀經濟環境的影響。在經濟衰退、股市低迷期間，獲利能力溢價就變得更高。

萊恩·劉發現，獲利能力最差的公司最大的年跌幅為74％，幾乎比獲利能力最強的公司高出30％。他認為，這些證據說明了很難用風險去解釋獲利能力溢價。相反地，這種溢價

與涉及投資者預期的持續行為錯誤密切相關。

　　他隨後研究了錯誤定價假設。在以獲利能力排序的投資組合中，他特別研究了賣方分析師[10]的獲利預期與實際利潤之間的差異。如果未獲利公司較低的回報效益是因為投資者對企業未來業績過於樂觀，那麼預期和實際利潤之間的差異（即預期錯誤）在未獲利公司中應當非常明顯。按照獲利能力對上市公司進行10分位，隨著獲利能力從低到高，上述差異出現單調遞減。對於未獲利公司，這種預期錯誤不僅很明顯，持續時間也長達5年。對於這些資料的分析，他認為是在投資者的預期中，獲利公司均值回歸的速度將會比實際更快。同時，儘管未獲利公司的淨利潤較低，當前表現較差，但投資者仍願意相信，這種公司即將復甦。

　　在一定程度上，這與經典的魅力理論不同。根據經典魅力理論，由於正向消息面以及良好的近期表現，天真的投資者會對當前表現較好的股票過於樂觀，導致魅力型股票的股價高估。然而根據萊恩・劉的理論，投資者的過度樂觀來自未獲利公司完成均值回歸的潛力，而這類公司通常是新成立、規模較小、處於困境中的公司。因此，這類股票更可能被高估。由於套利限制的存在，以及做空的成本和風險，因此相較於估值過低，估值過高更難被修正。

　　萊恩・劉的發現與2016年的學術論文《「品質型」股票的額外回報：行為異常》（The Excess Returns of "Quality" Stocks: A

Behavioral Anomaly）相吻合。這篇論文的作者是尚・菲利浦・布加德（Jean-Philippe Bouchaud）、西利伯蒂・史蒂芬諾（Ciliberti Stefano）、奧古斯汀・蘭迪爾（Augustin Landier）、吉雍・西蒙（Guillaume Simon）和大衛・賽斯瑪（David Thesmar）。他們介紹了可能的風險解釋。例如，只有可能帶來更高的獲利能力，企業才會選擇風險更高的項目。然而他們也指出，「根據眾所周知的風險溢價策略，承擔更明顯的負偏態系數風險能給投資者帶來回報。然而，品質策略實際上表現出正偏態系數，且嚴重失敗的可能性很小。」

作者接著研究了行為學解釋。利用分析師對股價的預測，他們分析了在採用不同獲利能力指標的情況下，錯誤有何不同。他們證實，整體來看分析師會過於樂觀，而這種情況已經被廣泛承認。然而，一家公司的獲利能力越強，分析師的樂觀程度就越弱。他們發現，「分析師很明顯低估了營運現金流指標。儘管運營現金流可以有力地預測未來的回收效益，但他們似乎並沒有給予該指標足夠的權重。這樣的結果顯示，品質異常的產生很可能是因為質量指標在股價預測中被嚴重低估。」

艾瑞克・林（F.Y. Eric C. Lam）、王樹靜（Shujing Wang）和約翰・魏（K.C. John Wei）於2016年發表論文《獲利能力溢價：宏觀經濟風險還是預期錯誤？》（The Profitability Premium: Macroeconomic Risks or Expectation Errors?）。論文關注了獲利能力溢價的兩種不同解釋：基於宏觀經濟風險的理性解釋以及歸因於

投資者預期的錯誤定價解釋。衡量宏觀經濟風險的指標與工業生產、通貨膨脹率、期限溢價和違約風險相關。衡量預期錯誤的指標是以投資情緒指數，其中包括封閉式基金的平均折扣率、首次公開招股的數量和首日回報效益、紐約股票交易所的換手率、新發行股票的總數以及股息溢價（發放股息的股票與不發放股息的股票平均帳面市值比差異的自然對數）為基礎。作者發現，兩種解釋都在一定程度上有效。宏觀經濟風險可以解釋約 1/3 的盈利能力溢價，而其餘部分可以用來自投資者情緒的錯誤定價來解釋。他們的發現與王慧君（Huijun Wang）和於建峰（Jianfeng Yu）類似，後者於 2013 年發表論文《獲利能力溢價詳解》（Dissecting the Profitability Premium），分析了股票的淨資產收益率。

在對行為學解釋的研究過程中，他們假設，如果獲利能力溢價可以成比例地反映錯誤定價，那麼更難套利、資訊不確定性更嚴重的公司獲利能力溢價會更高。換句話說，不確定性水準越高，我們就越有可能看到投資者的過度信心反映到股價。而如果套利限制更多，那麼錯誤定價就更有可能持續存在。此外，如果資訊的不確定性上升，那麼心理學偏見就會變得嚴重，投資者之間的資訊就會更不對稱，從而給錯誤定價帶來更大的空間。利用學術界關於套利和資訊不確定性限制的標準，作者發現，更難套利或資訊不確定性更明顯的公司獲利能力溢價更強。他們的具體發現如下：

- 對於資訊不確定性較弱、容易套利的公司，獲利能力溢價不太明顯，或只有略微的表現。
- 某些公司的獲利能力溢價每月高出約1%。這樣的公司具備如下特點：小市值、回收波動性較高、現金流波動性較高、分析師關注較少、分析師預期的離差較大、機構持股比例較低、特殊回收波動性較高、資金交易量小、買賣價差很大、信用評級低、流動性不足明顯以及成立時間較短。
- 淨資產回收（衡量獲利能力的一種指標）溢價的絕大部分來自低淨資產回收效益的公司。這與我們的直覺一致：由於做空需要更高成本，因此對套利者來說，過高的定價比過低的定價更難修正。
- 獲利能力溢價的出現並非由於事後的反應過度（例如，沒有證據表明，這種溢價會出現長期反轉），而是由於事前的反應不足。投資者對當前的獲利消息反應不足，因此獲利能力較強（較弱）的公司股價相對較低（較高）。

作者認為，獲利能力溢價得以持續是因為市場存在套利限制，導致錯誤定價很難被修正。大部分的獲利能力溢價來自定價錯誤解釋，而非基於風險的理性解釋。不過，這並不意味著獲利能力溢價終將消失。之前我們已經提供有力的證據：自首篇關於動力溢價的論文發表以來，這種溢價已經持續了超過20年。

可投資性

　　獲利能力策略是一種資產周轉率較低的策略，這種策略適用於不同市值的股票。採用單純做多策略的共同基金會避免做空交易成本高、流動性不強、獲利能力低的小市值公司，這些公司的獲利能力溢價為負數。如此，投資者應該可以把握這樣的溢價。之前提到的論文《異常及其交易成本的分類》中，作者羅伯特·諾維-馬克斯和米蓋爾·維里科夫發現，單純做多策略情況確實如此，甚至多空投資組合也是如此。如果投資策略專注於將成本最小化，例如在採用以演算法程式的耐心交易策略時，溢價表現就特別明顯。

　　要考量的重點是，研究說明了獲利能力策略是成長型策略，因此提供對沖價值型策略及加的防護。在價值型策略的基礎上加入獲利能力策略可以降低整體的波動性。因此，利用這種策略的方式之一是將獲利能力考量到價值型基金的建構規則中。某些以研究為導向的公司，例如德明信基金顧問公司和AQR資本管理公司，常常會採取這樣的做法。

對不同定義的穩健性

　　本章之前提到的來自諾維—馬克斯、包爾及同事們的兩篇

論文研究了衡量獲利能力的多種指標，並得到了有利的結果。來自AQR資本管理公司的研究發現，三種不同獲利能力指標都可以帶來獲利能力溢價。這三種指標分別為總利潤與資產之比、總利潤與營收之比以及自由現金流與資產之比。該公司使用這三種指標去計算獲利能力得分，決定在其混合風格基金中如何配置特定股票。

關於獲利能力溢價穩健性的另一個證明來自侯克偉(Kewei Hou)、薛辰（Chen Xue）和張路（Lu Zhang）。他們於2014年發表學術論文《理解異常：一種投資方法》（Digesting Anomalies: An Investment Approach），提出了一種新的四因子模型，可以解釋法馬—佛倫奇三因子模型和卡哈特四因子模型（在三因子的基礎上加入動力因子）無法解釋的許多異常。在這種被稱作「q因子」的新模型中，資產的預期回收效益超過無風險利率的水準被描述為實際回收相對於四要素回報的敏感性。這四種因子分別為市場 β、規模、投資（由低投資水準股票組成的投資組合相對於高投資水準股票組成的投資組合的回收差異），以及獲利能力（由高淨資產收益率股票組成的投資組合相對於低淨資產收益率股票組成的投資組合的回收效益差異）。使用淨資產回收效益做為獲利能力指標，他們發現淨資產回收因子帶來的平均回收效益為每月0.60％，並具有統計學意義。

討論下一步之前，我們將聚焦在品質因子。品質因子與獲利能力因子有關，因為高品質公司的一大特徵就是獲利能力更強。

表5.2 領先的機率（%）					
	1年	3年	5年	10年	20年
品質	65	75	80	89	96

品質因子

　　我們之前討論的獲利能力因子可以進一步拓展至更廣泛的品質因子，也就是高品質公司的回報減去低品質公司的回報。這其中涉及許多種品質特徵。高品質公司通常具備以下特點：利潤的波動性較低、利潤率較高、資產周轉率較高（顯示資產正在得到高效利用）、財務槓桿較低、運營槓桿較低（顯示資產負債表強勁，受宏觀經濟風險的影響較小）以及個股風險較低（即無法用宏觀經濟活動來解釋的波動性）。在歷史上，具備這些特徵的公司能帶來較高的回報，尤其是在市場衰退期間。特別要指出的一點是，獲利、穩定、增長、股息率較高的高品質股票相較於特徵相反的低品質股票表現更好。

　　品質因子也被稱為「QMJ」（Quality Minus Junk），即「高品

質減去垃圾」的英文縮寫。從1927年至2015年，品質溢價的年平均回收為3.8％。此外與價值溢價相比，品質溢價的持續性略好，但相對於市場 β 溢價的持續性略差。

品質溢價的夏普比率為0.38，高於獲利能力因子的0.33，非常接近市場 β 溢價的0.40。品質溢價的持續性和夏普比率高於獲利能力溢價，這並不奇怪，因為品質同時包含了獲利能力和其他特徵。此外有趣的是，品質溢價與價值溢價一樣，可以很好地解釋巴菲特傳奇般的成功。

對巴菲特所取得 α 的解釋

傳統觀點總是認為，巴菲特的成功可以用他的選股能力和投資紀律性來解釋：巴菲特有能力避免恐慌和狂熱，而其他人做不到這點。然而，安德烈・弗拉奇尼（Andrea Frazzini）、大衛・卡比勒（David Kabiller）和拉塞・佩德森（Lasse H. Pedersen）在2013年發表的論文《巴菲特的 α》（Buffett's Alpha）中提出了一種有趣的非傳統解釋。作者發現，除了波克夏—海瑟威（Berkshire Hathaway）公司保險業務低成本槓桿帶來的優勢之外，巴菲特也會買入安全、廉價、高質量、大市值的股票。這項研究中最有趣的發現在於，不僅僅是巴菲特買入的股票，所有具備這些特徵的股票通常都表現得較好。

換句話說，巴菲特的做法是建立對不同因子的部位，而非選股能力。這是他成功的主要原因。弗拉奇尼和佩德森發現，一旦考慮所有因子，包括市場 β、規模、價值、動力、對賭 β（BAB，Betting against beta，一種做多低 β 資產，同時做空高 β 資產的策略）、品質和槓桿，就可以解釋巴菲特投資業績的很大一部分，而巴菲特所取得的 α 缺乏統計學意義[11]。他們還於 2014 年發表了論文《與 β 對賭》（Betting Against Beta）。

　　不過仍然需要指出，這項發現並非貶低巴菲特的成就。正如在簡介中所說，當代金融學理論花了幾十年時間才追上巴菲特，並發現他的秘訣。如果能率先發現領先市場的策略，那麼就可以輕鬆摘到最甜美的果實，讓你也可以像巴菲特一樣買得起遊艇。

　　回到正題，這項研究中的發現可以解釋，為何巴菲特如此成功。很久以前，巴菲特的投資天才就已證明，因子發揮了作用。他在利用這些因子的同時從不恐慌性拋售，並堅持自己的原則。巴菲特本人在 1994 年波克夏-海瑟威公司的年報中表示：「班‧葛拉漢（Ben Graham）45 年前就教會我，在投資過程中，沒有必要去做特別的事情以獲取特別的結果。」

　　近幾年，利用久經考驗的投資標準，巴菲特買入了更多國外公司的股份。因此，下面我們將呈現關於品質因子普遍性的證據。

麥斯‧克茲洛夫（Max Kozlov）和安提‧佩塔基斯托（Antti Petajisto）於2013年發表學術論文《利潤品質、價值和規模的全球回收溢價》（Global Return Premiums on Earnings Quality, Value, and Size），利用時間距離更近、更廣泛的全球資料收集，分析了利潤品質高的股票是否存在回收溢價。這項研究聚焦在1988年7月至2012年6月已開發市場的情況。高品質公司的定義為現金流相對於報告利潤較高的公司，而低品質公司的定義為報告利潤相對於現金流較高的公司。這種定義是品質因子的另一種表達形式。以下是他們研究結果的重點：

■ 相較於市場整體或專注價值型股票和小市值股票的類似策略，有一種簡單策略，就是做多高利潤品質股票做空低利潤品質股票的策略，可以帶來更高的夏普比率。

■ 價值溢價最高，為4.9％；其次是市場 β 溢價，為4.0％，品質溢價為2.8％。在這段時期中，規模因子帶來的溢價為負數，為-0.5％。品質因子和價值因子帶來的額外回收具有統計學意義，t統計量分別為3.38和2.73，但市場 β 並非如此。

■ 市場 β 溢價的波動性最明顯，年波動率達到16％。之後分別為規模要素和價值因子，年波動率分別為8％和9％。品質因子的波動性最低，年波動率只有4％。

■儘管市場 β 因子和價值因子帶來了最高的溢價，但由於波動率也很高，因此最高的夏普比率0.69來自品質因子，之後是價值因子的0.56和市場 β 因子的0.25。

■大市值股票存在價值和品質傾向，其市值加權、單純做多的簡單策略平均每年領先市場整體3.9％，而小市值股票這一數字為5.8％。

■這樣的結論同時適用於樣本整體，以及自2005年以來的最近一段時間。

■由於全球利潤品質投資組合與價值投資組合存在負相關關係，因此投資這兩種因子的投資者可以獲得明顯的分散投資優勢。將兩種策略結合在一起可以帶來更高的夏普比率。

克茲洛夫和佩塔基斯托也檢驗了對品質的不同定義方式，包括淨資產回報效益、現金流與資產之比，以及債務與資產之比（財務槓桿）等因子。較低的槓桿（無論是財務槓桿還是營運槓桿）會帶來更穩定的利潤，並減少對目前經濟環境中的財務狀況的依賴。他們發現無論採用哪種定義方式，抑或是混合使用這些方式，都可以帶來類似的結果。

歸納以上證據，我們認為，獲利能力因子和品質因子符合我們提出的所有標準，可以根據這些因子來進行資產配置。

表5.3提供了到目前為止我們所討論全部因子的資料總結。

表5.3　市場 β、規模、價值、動力、獲利能力和品質（1927-2015）						
	市場 β	規模	價值	動力	獲利能力	品質
年溢價（%）	8.3	3.3	4.8	9.6	3.1	3.8
夏普比率	0.40	0.24	0.34	0.61	0.33	0.38
1 年時間內領先的可能性（%）	66	59	63	73	63	65
3 年時間內領先的可能性（%）	76	66	72	86	72	75
5 年時間內領先的可能性（%）	82	70	78	91	77	80
10 年時間內領先的可能性（%）	90	77	86	97	85	89
20 年時間內領先的可能性（%）	96	86	94	100	93	96

接下來，我們將把注意力轉向債券市場和相應的期限因子。

CH

6

期限因子

期限因子與其他因子存在負相關關係，
因此期限溢價可以給分散投資帶來幫助。

與股票一樣，學術界也為債券設計了資產定價模型。然而債券定價模型相對簡單，因為我們只需要兩種因子就可以解釋絕大部分債券投資組合回報效益的差異：期限風險（即持久期）和違約風險（即信用）。某些金融經濟學家將期限溢價稱為「TERM」。

　　從1927年至2015年，期限溢價，即長期（20年期）美國政府債券的年平均回報減去一個月期美國國債的年平均回收，為2.5%。

持續性

　　期限溢價的持續性與價值溢價、獲利能力溢價和品質溢價類似，高於規模溢價，同時非常接近市場 β 溢價。表6.1顯示了從1927年至2015年期限溢價的持續性。

表6.1　領先的機率（%）					
	1 年	3 年	5年	1 0年	20 年
期限	64	74	80	88	95

期限溢價的夏普比率為0.25。除夏普比率0.24的規模溢價之外，這低於我們已經討論過的所有其他溢價。

普遍性

儘管獲得的資料時間範圍相對較短，但我們也可以看到全球範圍內期限溢價存在的證據。具體衡量方式是巴克萊全球國債指數和一個月期美國國債的年平均回報差。從2001年至2015年，全球期限溢價為3.2％。

可投資性

美國政府債券市場是全球流動性最強的市場，因此交易成本非常低。

直覺性

關於期限溢價，有一種基於風險的簡單解釋：由於需要接受預期之外的通貨膨脹風險（期限越長，風險越大），投資者就會存在期望溢價。此外，債券到期時間越長，波動性就會越大。

對不同定義的穩健性

如果定義是長期（20年期）美國政府債券與一個月期美國國債的年平均回報差，那麼期限溢價為2.5％。不過，無論選擇什麼樣的債券到期時間，期限溢價都是存在的。此外，到期時間越長，溢價就越高。例如，以5年期美國國債做為基準，期限溢價為1.8％。

分散投資帶來的優勢

歷史資料表明，期限因子與其他因子存在負相關關係，因此期限溢價可以給分散投資帶來幫助。從1964年到2015年，期限因子與其他因子的相關性係數分別為：

市場 β 因子：0.12；規模因子：-0.12；價值因子：0.01；動力因子：0.08；獲利能力溢價：0.06；違約因子：-0.42。

總而言之，期限溢價符合我們設定的所有標準。

正如我們在本章開頭所指出的，還有另一個因子可以解釋債券的回報效益，即違約因子。由於我們決定，將所有不建議用於資產組合建構的因子都放入附錄中，因此違約因子將在附錄E中進行討論。

CH

7

持有因子

持有因子的典型應用是貨幣市場，
就是做多高利率國家的貨幣，
做空低利率國家的貨幣。

持有因子指的是，高收益率資產的回收效益通常比低收益率資產更高。這與價值因子類似，價值因子指的是，價格相對較低的資產回報效益高於價格昂貴的資產。我們可以這樣簡單描述持有因子：如果某項資產價格不變，投資者能夠獲得的回報有多少（淨財務收益）。持有因子的典型應用是貨幣市場。具體來說，就是做多高利率國家的貨幣，做空低利率國家的貨幣。過去幾十年，外匯持有已經眾所周知，這是一種可以帶來獲利的策略。然而，專注於持有的交易是種普遍現象，適用於多種資產類別。

在日本市場的個人投資中，持有策略特別盛行，典型案例就是傳說中的渡邊夫人。渡邊夫人嘗試申請低利率的日元貸款，隨後買入高利率貨幣，例如澳元，從這樣的利率差中獲利。這種策略的有效前提是，借入的貨幣匯率穩定、貶值，或是升值幅度不超過利率差。然而，隨著2007年金融危機的發生，日元被認為是避險貨幣，相對於美元的匯率上升了20％，相對於澳元則上升了47％。渡邊夫人這樣的散戶投資者，以及大型機構投資者因此蒙受了嚴重損失。持有策略就像是在一輛蒸汽火車前撿拾五分錢銅板。儘管從長期來看這種策略能帶來盈利，但投資者必須清楚地認識到，他們可能會遭到不可抗力的碾壓。

持有可定義為資產價格不變情況下的預期回收效益。資產價格不變可以是股價不變、匯率不變、債券收益率不變以及現貨商品價格不變。因此對於股票，持有報酬交易的決定因素是股息率（做多高股息率股票，做空低股息率股票）。對於債券，決定因素是利率的期限結構（因此與期限溢價相關），對於大宗商品，決定因素是展期收益（現貨和期貨之間的價格差異）。拉夫‧柯吉恩（Ralph Koijen）、托拜亞斯‧莫斯科維奇、拉塞‧佩德森和艾佛特‧維盧格特（Evert Vrugt）於2015年發表學術論文《持有》（Carry）。他們發現持有策略，即做多持有報酬高的資產，做空持有報酬低的資產，無論對於哪種資產類別都會帶來較高的回收效益，年夏普比率平均為0.7。而採用持有策略，涵蓋所有資產類別的分散投資組合夏普比率為1.2。

他們還發現持有可以預測所有資產類別未來的回報效益，但針對不同資產的預測能力各不相同。

持續性

表7.1顯示股票、債券、大宗商品和貨幣持有溢價的持續性。數據來源是上文提到的論文《持有》。需要指出的一點是，

	全球股票	10年期全球固定收益資產	大宗商品	貨幣
表7.1　持有溢價				
年溢價（%）	9.1	3.9	11.2	5.3
夏普比率	0.88	0.52	0.60	0.68
1年時間內領先的可能性（%）	81	70	72	75
3年時間內領先的可能性（%）	94	81	85	88
5年時間內領先的可能性（%）	98	88	91	94
10年時間內領先的可能性（%）	100	95	97	98
20年時間內領先的可能性（%）	100	99	100	100
樣本開始時間	1988年3月	1983年11月	1980年2月	1983年11月

由於資料歷史不同，因此不同資產類別的資料開始時間不同（對於所有資產類別，資料結束時間都是2012年）。

對於這四類資產，無論採用什麼樣的時間軸，持有溢價的持續性至少與我們到目前為止研究過的其他溢價相仿。此外，持有溢價的夏普比率也處於最高水準（其他溢價最高的夏普比率，也就是動力溢價的夏普比率，為0.61）。

持有報酬策略適用的市場都是全球流動性最強的市場，包括貨幣市場、政府債券市場以及商品期貨市場。在採取持有策略時，投資者不應涉及交易量不大、流動性差的市場，例如小市值股票或新興市場貨幣。因此，交易成本可以做到很低。重要的是，針對各類資產的持有策略相關性很低。因此，以持有策略進行分散投資可以降低波動性，降低與交易相關的「肥尾」風險，例如本章開頭所說的渡邊夫人遇到的情況。最終結果是，儘管所有單一的持有策略可能存在「肥尾」，但透過分散投資，涵蓋所有資產類別，那麼偏態係數將趨近於零。與分散的、被動管理的全球市場投資組合相比，「肥尾」也更不明顯。此外，持有策略可以用於海外股票投資，例如對沖外匯部位。

直覺性

我們可以用簡單而直接的方法來解釋持有溢價。長期以來的觀點認為，價格可以平衡不同市場之間的資本供需。高利率表示市場存在本地儲蓄無法滿足的資本需求，而低利率表示額外的資本供給。傳統經濟學的「無拋補利率平價」（uncovered interest parity，簡稱 UIP）理論認為，以兩種不同貨幣定價的相

似金融資產應當有相同的預期回收。利率差將會被貨幣的升值和貶值抵消，因此不同市場之間的投資回收效益最終趨於一致。然而，大量經驗證據與這種理論相衝突，引發了所謂的「無拋補利率平價之謎」。

這種異常的存在或許是因為不追求利潤的市場參與者的存在，包括各國央行（它們可能會嘗試應對資本流入流出帶來的影響）以及企業對沖者（這些企業必須進行外匯換匯，進而在海外開展業務）。這從行為學上解釋了貨幣市場和利率工具的效率低下現象。

持有策略存在風險。在某些情況下，資本也會流入低利率的避風港。這從風險因素的角度簡單解釋了持有溢價，就是長期看持有溢價是為了彌補在經濟低迷時期可能出現的損失。換句話說，在股市下跌時，升值的貨幣適合投資，因為這相當於一種應對股市下跌的「保險」。另一方面，在股市低迷情況下，貶值的貨幣可能會進一步威脅投資者的投資。因此，這種風險需要附帶一定的溢價。在此基礎上，我們來看看學術論文中所提出的證明。

維多利亞・安塔納索夫（Victoria Atanasov）和湯瑪斯・尼特奇卡（Thomas Nitschka）2015年發表論文《外匯回收和系統性風險》（Foreigh Currencies Returns and Systematic Risks）。論文指出，「貨幣的平均回收與對股市資金面變化的敏感度之間有著密切關係。高遠期（即未來匯率遠低於即期匯率）貨幣對股市資金

面的反應更強烈，而低遠期貨幣更穩定。」

安塔納索夫和尼特奇卡解釋：「基本金融學理論認為，當本地股市遭遇與資本損失相關的不利資金面消息時，高遠期貨幣會貶值。同時，低遠期貨幣會升值。因此對股票持有者來說，高遠期貨幣風險更大，而投資低遠期貼水貨幣可以帶來對沖。」

作者發現他們的模型「可以解釋外匯投資組合平均回收差異中的 81％ 至 87％」。他們認為：「資料明顯不支援外匯市場的免費午餐假設。我們認為，貨幣投資能否獲得回收與股市未來股息支付相關的壞消息密切相關：高遠期貨幣承受的資金風險要高於低遠期貨幣。」

馬丁·雷陶（Martin Lettau）、麥提歐·馬吉歐利（Matteo Maggiori）和麥可·韋伯（Michael Weber）於 2014 年發表論文《貨幣市場和其他資產類別中有條件的風險溢價》（Conditional Risk Premia in Currency Markets and Other Asset Classes），也解釋了關於持有溢價的風險。他們使用的資料來自 1974 年 1 月至 2010 年 3 月，包含了 50 多種貨幣。作者發現，「儘管高利息貨幣相對於低利息貨幣有更高的 β（對股市風險的曝露），但 β 的差異很小，不足以解釋觀察到的貨幣回收效益」。然而，由於投資者表現出厭惡下跌風險的傾向，因此他們的研究也包含了下跌風險資產定價模型，即 DR-CAPM。他們發現，下跌風險資產定價模型可以解釋貨幣回收效益的差異。儘管持有策略與市場 β 的相關性為 0.14，且具有統計學意義，但大部分的無條件相關

來自行情下跌期間。將行情下跌做為前提條件，那麼持有策略與市場 β 之間的相關性上升至0.33。相比之下，在行情上漲時，相關性只有0.03。換句話說，當股市上漲時，持有策略與股市狀況基本無關。但在股市下跌時，持有策略回收效益的相關性明顯上升，造成投資者虧損。作者還發現，高利率貨幣與市場回報效益之間的相關性是市場回收的遞減函數，而低利率貨幣情況剛好相反（在市場狀況不佳時，投資者往往會考慮資產品質而投資低利率貨幣）。他們發現，下跌風險資產定價模型可以解釋85%的回報差異。

雷陶和同事認為，「高利率貨幣相對於低利率貨幣能帶來更高回報的原因在於，它們與市場回報之間的連動取決於市況低迷時期而非良好時期的情況。」他們還發現下跌風險溢價不僅出現在貨幣中，也出現在股票、大宗商品和主權債券等其他資產類別中。他們的發現與標準的資產定價理論一致，也就是市場狀況不佳時表現較差的資產應當獲得風險溢價。

基於風險因素，以下的研究也得出了類似結論：

■ 夏洛特‧克利斯蒂安森（Charlotte Christiansen）、安傑羅‧雷納多（Angelo Ranaldo）和保羅‧索德林德（Paul Soderlind）2011年發表學術論文《持有交易策略隨時間變化的系統性風險》（The Time-Varying Systematic Risk of Carry Trade Strategies）。論文指出，儘管持有策略非常成

功，但這種策略對股市的暴露口很大，在外匯波動性較高時期會出現均值回歸。此外，在股市大幅下跌時，持有策略很可能會造成崩盤，造成投資者高額虧損（即所謂的「肥尾」）。

■ 盧西奧‧薩爾諾（Lucio Sarno）、保羅‧史奈德（Paul Schneider）和克里斯‧華格納（Christian Wagner）2012年發表論文《外匯風險溢價的特點》（Properties of Foreign Exchange Risk Premiums）。他們發現，持有隨時間變化的額外回收同時補償了貨幣風險和利率風險。金融和宏觀經濟因素是外匯風險溢價的重要原因，而預期的額外回收與投資者厭惡風險有關。這從投資者追逐品質和流動性的角度解釋了持有交易帶來的風險溢價。作者認為，「外匯風險溢價是由全球基於經濟直覺，對風險的認知和宏觀經濟因素驅動的。」

■ 哈諾‧魯斯提格（Hanno Lustig）、尼可拉‧盧薩諾夫（Nikolai Roussanov）和安卓亞‧韋德爾漢（Adrien Verdelhan）2011年發表學術論文《貨幣市場的一般風險因子》（Common Risk Factors in Currency Markets）。論文也發現，持有溢價與全球股市波動性的變化有關。在全球股市波動性升高時，高利率貨幣通常會貶值，低利率貨幣通常會升值。他們認為，股市波動性對持有溢價的影響為負，並具有統計學意義。換句話說，如果投資高利率

貨幣，借入低利率貨幣，那麼美國投資者將承擔更高的全球風險。

■ 盧卡斯・門科夫（Lukas Menkhoff）、盧西奧・薩爾諾（Lucio Sarno）、麥可・謝姆林（Maik Schmeling）和安德烈・史瑞姆夫（Andreas Schrimpf）2012年發表學術論文《融資套利交易和全球外匯市場的波動性》（Carry Trades and Global Foreign Exchange Volatility）。他們發現，融資套利交易帶來的額外回收超過90％可以用匯率波動來解釋。他們同時證明，這種額外回收是具有經濟學意義的風險回收關係的結果。在波動性較高時期，低利率貨幣給投資者帶來幫助：做為對不利市況的反應，這些貨幣的匯率會上升。因此，相對於其他被認為高風險的貨幣，這些「避風港」貨幣，例如瑞士法郎的風險溢價較低。

■ 上述提到的2015年論文《持有》發現，孤立使用持有策略會造成超值峰度（即「肥尾」）。在經濟狀況不佳，例如經濟衰退或出現流動性危機時，這種策略會在更長時間裡導致大幅下跌。然而也有一個例外，就是對不同期限的美國國債採取持有策略。相對於其他持有策略，這種交易策略的流動性和波動性風險完全相反，因此可以做為對沖，降低持有報酬策略投資組合的風險。實際上，柯吉恩和同事指出，如果將持有策略應用於多種資

產類別，那麼投資組合的整體風險將會降低。這確實說明分散投資可以帶來更具吸引力的風險回報特徵。

持有策略的配置

關於如何建立投資組合，學術論文提供了很有價值的資訊。維尼爾‧班薩里（Vineer Bhansali）、約書亞‧戴維斯（Joshua Davis）、麥特‧多斯登（Matt Dorsten）和葛拉漢‧雷尼森（Graham Rennison）於2015年發表了論文《多種場合的持有和趨勢》（Carry and Trend in Lots of Places）。論文研究了5個主要國家市場的4種類型資產（包括股票、債券、大宗商品和貨幣，總計20個資料集），樣本取樣週期為1960年至2014年。在每個市場中，他們將資產分為4組：1. 持有為正，趨勢為正；2. 持有為正，趨勢為負；3. 持有為負，趨勢為正；4. 持有為負，趨勢為負。（我們將在附錄F中討論趨勢追蹤，也就是所謂的時序動力）。他們的結果證明，「將正的持有和正的趨勢結合在一起，可以帶來較高的風險調整後預期回報」。

他們在研究中提供的以下案例基於10年期美國國債的表現。這說明了在同時運用兩個有利因子的情況下，投資業績可以獲得幫助。班薩里和同事們發現，「在整個樣本中，平均每年額外回報效益為2.9％。而在趨勢和持有均有利（例如為正數）

的時期，平均每年額外回報接近平均值的兩倍，為5.2%。相較之下，當趨勢和持有報酬都不利時，回報效益為-4.2%。當趨勢和持有趨勢一項有利、一項不利時，回收效益則處於中間，分別為1.6%和3.2%。」

作者還發現，這種現象出現在整個樣本期中，包括從1960年至1982年利率上升的時期。特別是他們發現，單一的持有策略無需任何前提條件即可預測回收，而單一的趨勢追蹤策略同樣能帶來良好的表現，而如果同時採用這兩項策略，那麼效果將會更好。他們指出：「結果很明顯直接。除一個案例（德國債券期貨）以外，與不利的持有和不利的趨勢相比，有利的持有和有利的趨勢可以帶來明顯更好的回報效益。」

這些發現與安德魯・克雷爾（Andrew Clare）、詹姆斯・席頓（James Seaton）、彼得・史密斯（Peter Smith）和史蒂芬・湯瑪斯（Stephen Thomas）的發現一致。他們於2015年發表學術論文《外匯市場持有報酬和趨勢追蹤帶來的回報》（Carry and Trend Following Returns in the Foreign Exchange Market）。論文研究了將持有與趨勢追蹤結合運用的策略。他們的研究包含了39種貨幣對美元的匯率，時間範圍為1981年1月至2012年12月。這項研究專注於市場流動性問題。在各類金融市場，流動性都被認為是風險來源之一。以下是他們研究結論的重點：

■以市場流動性為條件的股市 β 有助於確定貨幣回收效益橫斷面，並可以解釋持有策略所帶來的額外回報。持有

策略帶來了較高的負偏態係數回報，補償了流動性下降所引發的更高市場風險。

■ 買入相較於美元持有更高的貨幣，這種策略能帶來正的平均回報。透過專注於持有報酬最高的貨幣，投資策略可以帶來最高的平均回收和夏普比率。

■ 為了衡量持有策略帶來的回收效益，按遠期溢價（現貨價格和期貨價格的差異）將所有資產進行5分位，隨後用最高1/5的平均回收減去最低 1/5的平均回收，可以看到持有策略的平均回收效益為每月0.62％。

■ 趨勢追蹤（在趨勢有利時建立做多，在趨勢不利時建立做空或拋售）可以成功對沖持有策略的風險。相對於單一持有策略，這帶來了高出一個數量級的平均回收效益。這種現象尚未得到解釋。以4到12個月移動平均值（在一定時期內的平均股價）的結果也與此類似。

■ 在結合趨勢追蹤之後，混合型策略帶來的平均回收遠高於兩種策略單獨使用的情況。這種平均回收的上升也附帶其他有利的特徵，包括較高的夏普比率和正偏態係數，以及相較於單一策略較小的最大跌幅。

對於投資組合的建立，這些研究說明了持有和趨勢追蹤都與流動性相關，但在不同時期兩者可以相互對沖。在趨勢追蹤策略造成較高虧損的情況下，持有策略通常能帶來較高的收

益。反之亦然。因此，將兩者結合的混合型投資策略是分散投資的好辦法。

　　此外，持有因子與其他因子之間的相關性較低。在設計風格溢價基金時，AQR資本管理公司關注了多種資產類別持有策略回收效益的相關性。他們研究了全球股債60/40投資組合、證券、股票、債券、大宗商品、動力和價值的回收效益。對於每種資產類別，他們都發現持有因子與其他因子的相關性較低。其中，與價值因子之間的相關係數最低，為-0.1，與其他3種因子的相關係數最高，為0.2。

　　在結束本章之前，關於持有策略的配置，我們還要討論另一個問題。克勞斯・格羅比斯（Klaus Grobys）和傑利-佩卡・海諾寧（Jeri-Pekka Heinonen）於2016年發表學術文章《外匯市場是存在信貸風險異常？》（Is There a Credit Risk FX Markets?）。文章中關注了主權信用評級與貨幣回報之間可能的關聯。

　　研究所涵蓋的時間範圍取決於可用的信用評級歷史資料。這個時間範圍不長，從1998年1月至2010年12月。以前一個月牛津經濟研究院給出的主權信用評級，格羅比斯和海諾寧將39種樣本貨幣分為3個投資組合。投資組合的設計方式是，做多信用評級最低的1/3貨幣，做空信用評級最高的1/3貨幣。他們的研究獲得了令人驚訝的發現，要點如下：

■儘管持有、波動性（做多高波動性資產，做空低波動性

資產，參見附錄D）和動力因子都能帶來溢價，但信用策略帶來的負溢價為每月0.30％。該資料具有統計學意義，信心水準為1％。

■ 對於按信用風險排序的投資組合，平均回收效益會隨著信用風險從低到高出現線性遞減。這說明了較高的信用風險與較低的回收效益相關。除回收為負數以外，做多低信用品質、做空高信用品質的投資組合還表現出不尋常的統計分佈：即負偏態係數（-0.5）和超值峰度（2.9），或者說「肥尾」。

格羅比斯和海諾寧認為：「即使風險資產定價理論認為，高風險資產相對於低風險資產能帶來較高的回報，但我們的研究證明，信用風險較高的主權貨幣通常會伴隨著較低的回收。」這裡的重要啟示是，在配置持有策略時，投資者應當考慮信用風險。例如，只有高品質主權信用評級的貨幣才適用於持有策略，而投資者應當避免做多低品質主權信用評級的貨幣。這個結論再次證明，信用風險無法帶來較好的回報（參見附錄E）。

關於這些研究結果，有一點令人驚訝：儘管外匯市場與股票市場不同，在做空時不存在導致異常持續存在的限制，但異常仍然會出現。

總結本章中討論的學術論文，可以看到，我們能夠用風險去合理地解釋持有溢價。這也可以合理地解釋利率平價之謎。

總而言之，持有因子不僅滿足所有預設標準，還有助於分散投資。

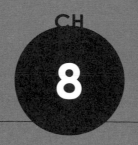

CH

8

因子的公開發表
是否會降低溢價幅度？

如果異常是行為錯誤
或甚至是投資人偏好的結果，
而因子的發表能引起經驗豐富的投資者關注，
那麼因子發表後的套利活動可能導致溢價消失。

在前幾章裡，我們介紹了金融研究發現的投資因子和證券回報效益之間的關係。在此基礎上，許多投資者可能都會關心，在研究成果發表後，這樣的關係是否能長期存續。換個說法，如果所有人都知道因子的存在，我們是否還能期待在樣本期之外的因子溢價？在本書的簡介中，我們提出了五大標準。只有滿足這些標準，因子與投資回報之間的關係才能維持。這樣的因子應該是持續、普遍、穩健、可投資，並具備符合邏輯、能夠以風險或行為學解釋。

關於為何這些因子的溢價可以持續，本書的一到七章提供了證據和解釋。然而，結論中並沒有涉及溢價的幅度。這就帶來了問題：研究結果的發表是否會影響未來溢價的幅度？這個問題有兩方面重要意義。

首先，如果異常是行為錯誤或甚至是投資人偏好的結果，而因子的發表能引起經驗豐富的投資者關注，那麼因子發表後的套利活動可能導致溢價消失。投資者希望把握已被找出的因子，這將導致對該因子存在不同部位的資產組合回報差異迅速消失。然而，套利限制（例如對做空及其高成本的厭惡）可能會阻止套利者修正定價錯誤。研究說明了對於流動性不強、交易成本很高的股票，定價錯誤就很難被修正。

其次，即使溢價完全可以用經濟風險來解釋，但隨著更多資金流入嘗試利用這些溢價的基金，溢價的幅度也將受到影響。一開始在因子發表時，資本開始流入，驅動了價格上漲，

帶來更高的回報效益。然而，這些更高的回報只是暫時的，之後將逐漸降低。

　　我們將再次關注學術論文。保羅・卡盧索（Paul Calluzzo）、法比歐・莫內塔（Fabio Moneta）和塞林姆・托帕羅格魯（Selim Topaloglu）於2015年發表學術文章《異常被全面公開，機構啟動相應交易，回報隨之降低》（Anomalies Are Publicized Broadly, Institutions Trade Accordingly, and Returns Decay Correspondingly）。文章幫助我們理解市場如何運轉，以及如何隨著時間演進變得更有效益，也就是市場適應性假說。他們假設：「機構可以像套利者一樣行事，修正異常帶來的錯誤定價。然而前提條件是，它們知道異常存在，並有充分的動機去根據這些資訊操作，扮演套利者的角色。」

　　為了測試這種假設，卡盧索和同事研究了關於14種被廣泛記錄的異常，機構投資者表現出什麼樣的行為。需要指出的一點是，這些異常是之前章節中討論過的因子的特定變種，以及可以被這些因子解釋。這14種異常如下：

1. 淨股票發行：淨股票發行與股票回收效益呈現負相關。有證據顯示，聰明的企業管理層會在由情緒驅動的交易者將股價推漲至高估水準後發行股票。

2. 綜合股票發行：以「綜合股票發行」指標來看，發行者的股價表現比未發行者差。「綜合股票發行」的定義是，用企業的總市值增長減去股票回報，其計算方式是從12個

月市值增長中減去12個月的累計股票回收。

3. 應計項目：應計專案較高的企業平均回報效益會異常偏低。投資者在形成獲利預期時傾向高估利潤中應計專案的持續性。

4. 淨營運資產：企業帳目中所有營運資產和所有營運負債的差值及其占總資產的比重。這是股票長期回報效益重要的反向預測指標。投資者通常專注在會計獲利能力，而忽略現金獲利能力的資訊。關注淨營運資產（類似營運利潤和自由現金流之間的差值）有助於避免這樣的偏見。

5. 資產增長：總資產增長的企業帶來的回報效益較低。關於資產擴張對業務前景的影響，投資者容易做出過度反應。

6. 投資與資產之比：企業以往較高的投資水準預示了未來異常偏低的回報效益。

7. 企業經營問題：失敗可能性較高的企業通常回報效益較低。

8. 動力：較高（較低）的近期回收預示了較高（較低）的未來回報。

9. 毛利能力：獲利能力較強的公司有較高的預期回報效益。

10. 資產回報效益：獲利能力較強的公司有較高的預期回報效益。

11. 帳面市值比：帳面市值比較高的公司有較高的預期回報效益。

12. 奧爾森的O-得分：破產風險較高的股票回報效益較低。

13. 財報發佈後偏移：在發佈利多財報後，股票的累計異常回報效益將在幾週（甚至幾個月）時間內出現偏移。

14. 資本投資：如果企業增加資本投資，那麼就會表現出根據基準調節後的負回報。

為了判斷，投資者是否利用了這些異常，驅動股價回歸有效水準，卡盧索和同事建立投資組合，做多預期回收為正的股票，做空預期回收為負的股票。他們的研究資料來自1982年1月至2014年6月。以下是研究結論的重點：

■ 無論是按年出現的異常還是按季出現的異常，在最初的樣本期內，利用這些異常去交易都可以帶來獲利。對每種異常進行平均加權，以這種方式構建的投資組合，α為每季度1.54%。

■ 在資訊公開發表之後的時間段內，原始回收下降至平均1.05%，降幅為32%。基於法馬—佛倫奇三因子模型，14種異常中有9種出現了下降。

■ 在樣本期、資訊公開發表之前的時間段，機構投資者沒有嘗試利用這些股票回收異常。

■ 在資訊公開發表之後的期間，機構在交易中利用了這些

異常。持股總量的淨變化，即做多部位減去做空部位的變化為正。

■ 將機構投資者分成對沖基金、共同基金和其他投資者，結果顯示在以上現象中，對沖基金的表現最明顯，資產周轉率較高的主動管理型共同基金也是如此。

■ 在資訊發表後的投資組合中，機構交易和未來的異常回收之間表現出明顯的負相關關係。在異常公開發表之後，機構交易在一定程度上導致了異常回報下降。

■ 在資訊公開發表前的短暫時段內，對沖基金交易明顯上升。這說明了在學術論文公開發表之前，對沖基金就知道異常的存在。具體途徑很可能包括學術會議或社會科學研究網（即www.ssrn.com）上的論文。

卡盧索和同事認為：「機構交易和異常資訊的公開發表是套利過程的有機組成部分，有助於驅動價格回歸至有效水準。」他們的發現說明了在確保市場效率的過程中，學術研究和做為套利者的對沖基金都扮演了重要角色。

這些發現符合大衛・麥克林（R. David McLean）和傑佛瑞・彭提夫（Jeffrey Pontiff）2016年的學術論文《學術研究是否毀掉了股票回報效益的可預測性？》（Does Academic Research Destroy Stock Return Predictability?）。

麥克林恩和彭提夫重新研究了發表於一線學術期刊的97種

因子。但他們只能複製其中85個因子的報告結果。由於多種原因，例如原始論文細節不完整或資料庫變動，其餘12種因子已不再有意義。他們也發現，在因子公開發表之後，平均回收下降了約32％（可以注意到，卡盧索、莫內塔和托帕羅格魯在論文中也得出了類似資料），但回報效益並沒有下降至0，仍為正數。

此外麥克林恩和彭提夫發現，對於因子投資組合中的股票，套利成本越高，因子發表後的價格下跌就越小。這與直接感受一致，也就是交易成本限制了套利，保護了定價錯誤。論文作者指出：「如果不利因素導致套利無法完全修正定價錯誤，那麼溢價就會下降，但不會消失。」他們還發現，「如果投資策略專注在套利成本更高的股票，那麼在因子公開發表之後，這樣的投資策略將會有較高的預期回收。套利者應該聚焦在扣除成本之後回收效益最高的策略。因此，結果符合我們的看法，即因子的發表將吸引經驗豐富的投資者。」

從這項研究中，我們得到兩個結論。首先，即使異常已經廣為人知，也不會消失。正如麥克林恩和彭提夫所指出：「回報效益的可預測性不會完全消失，但因子發表後回報的可預測性會發生變化。」其次，研究結果的發表會導致試圖獲得異常溢價的投資者投入更多資金，造成未來可實現回報降低。然而我們注意到，如果存在符合邏輯的風險解釋，那麼溢價永不會消失。例如，即使市場 β 溢價已存在幾十年時間，也沒有人認為

這樣的溢價將消失。然而需要提醒投資者的是，不要自動認為未來的溢價會保持與歷史記錄同樣的水準[12]。

之前的研究專注於美國的情況，那麼國際市場的情況又會如何？海科・傑可布斯（Heiko Jacobs）和塞巴斯汀・穆勒（Sebastian Muller）在2016年發表的研究文章《全球範圍內的異常：一旦發表即不存在？》（Anomalies Across the Globe: Once Public, No Longer Existent?）中提供了有趣的初步回答。他們的研究包括了39個股票市場中的183種異常，分析了異常公開發表前和發表後的可預測性。這些市場占全球股票市值的近60％，相關國家貢獻了全球超過70％的GDP。數據涵蓋 1981年1月至2013年12月。

對於美國市場，他們的發現與麥克林恩和彭提夫類似，即因子公開發表後溢價出現下降。然而在38個國際市場，異常在公開發表後回報效益並未表現出明顯下降。實際上，他們發現國際市場的異常回報反而出現上升。以市值來計算權重，平均加權的月回報從1981–1990年的34（28）個基點上升至2001–2013年的56（40）個基點。以下是他們研究結論的重點：

- 在樣本期內，平均來看，不同國際市場的多空異常回報與美國市場的規模類似。
- 許多異常都是全球性現象，因此這些異常不太可能來自資料探勘。這與我們強調的因子特性，也就是普遍性是一致的。

■幾乎所有國家的平均加權投資組合帶來的回報效益都要高於市值加權的投資組合。這與一般看法一致，就是錯誤定價和套利限制在小市值股票中更明顯。
■對於大部分國家，合併後多空回報為具有統計學意義的正數，信心水準達到1%。
■以日曆時間（例如時間趨勢）和事件時間（例如公開發表帶來的影響）的子週期來看，美國市場和國際市場有著明顯差異。

　　傑可布斯和穆勒總結道，儘管他們的發現說明美國市場存在明顯為負的時間趨勢，以及因子公開發表後更多的套利行為，但沒有可靠的證據顯示，在國際市場中異常的回報能力在套利行為的驅動下出現下降。此外論文作者發現，標準套利成本的差異「至少可以部分解釋，因子公開發表之後回報表現出的不同」。他們還研究了「美國和國際市場回報變化巨大差異背後幾種可能的機制」，但「無法完全解釋這些結果」。他們的發現「與之前結論一致，就是經驗豐富投資者從學術研究中知道了錯誤定價現象，但這些投資者的重點是專注在美國市場」。他們最後還表示：「我們的結果或許仍像個謎，需要進一步的理論和經驗研究。」

　　毫無疑問，我們也覺得奇怪，為何美國市場和國際市場溢價的下降存在差異。這值得進一步研究。國際市場的情況應當

與美國市場類似：我們可以看到，因子發表後，關注度上升，導致回報下降。不過對投資者來說，至少可以認為，在因子發表之後，回報效益不會消失。

接下來，我們來看之前幾章討論過的規模、價值和動力因子在公開發表前後的回報效益變化。我們將證明，儘管出現下降，但回報依然存在。我們沒有將獲利能力／品質因子包含在內。關於這方面問題，一直到最近才有相關論文發表。

1981年，羅夫‧班茲（Rolf Banz）發表研究論文《普通股回報和市值之間的關係》（The Relationship between Return and Market Value of Common Stocks）。論文發現，市場 β 沒有解釋為何小市值股票的平均回報效益更高。從1927年至1981年，規模溢價為每年4.7％。在論文發表後，從1982年至2015年，該溢價每年只有1.0％。如果說原因只是自班茲的論文發表以後，交易成本就出現明顯下降（固定傭金的消失促使成本大幅下降），那麼溢價的下降也符合邏輯。此外，股價的十進位化導致買賣雙方價差的縮小，而頻繁交易者的出現同樣有利於縮小買賣價差。由於資產配置成本下降，投資者可以更容易地把握規模溢價。因此，該溢價的下降符合情理。在確定溢價的下降幅度之前，我們可以看看從1975年至1983年這9年間的資料。當時，規模溢價為13.8％，甚至略高於9.8％的市場 β 溢價。對小市值股票的追逐（某些人稱之為「泡沫」）導致了估值高漲，造成未來回收下降。實際上，從1984年至1990年，規模溢價

為-7.1％。從1991年至2015年，該溢價再次變成正數，為2.5％。從2000年至2015年的溢價為3.7％，仍低於規模因子公開發表之前的4.7％。

對於這些結論，圖片或許比文字說明更直接。在159頁圖8.1中，我們呈現規模因子（SMB）10年滾動的年化回報效益[13]。其中的上圖顯示了複合回報效益，也就是投資者感受到的回報。下圖提供算術平均數，這是大部分金融經濟學家衡量因子溢價的方式。請注意，儘管兩張圖中的資料有所不同，但一般來說這些數字是可比對的。例如在上圖中，我們的第一個資料點為從1927年至1936年的10年，當時規模因子的年平均複合回報為5.5％。在下圖中，同一時期資料的簡單算數平均數為7.3％。在1981年因子公開發佈之後，回報下降很明顯，但很快就出現反彈。實際上，在規模因子公開發表之後，溢價的整體情況與40年代中期至60年代沒有太大不同。

1985年，巴爾‧羅森柏格（Barr Rosenberg）、肯尼斯‧雷德（Kenneth Reid）和羅納德‧蘭斯汀（Ronald Lanstein）發表了學術論文《關於市場低效有說服力的證據》（Persuasive Evidence of Market Inefficiency）。他們的研究發現，股票平均回報效益與帳面價值比（BtM）之間存在正相關關係。從1927年至1985年，價值溢價為每年5.8％。在因子公開發表之後，從1986年至2015年，溢價下降至每年2.8％。160頁圖8.2顯示，在因子公開發表之後，某些時候溢價變成了負數。不過，與早期的溢價變

化趨勢相比，降幅是類似的。近期價值溢價表現不佳的時期主要是90年代互聯網泡沫階段，以及在2007年全球金融危機之後的時期。

1993年，納拉辛姆漢・傑卡帝許（Narasimhan Jegadeesh）和雪瑞登・提特曼（Sheridan Titman）發表了學術論文《買入市場贏家，賣出市場輸家帶來的回報：股市效率的啟示》（Returns to Buying Winners and Selling Losers: Implications for Stock Market Efficiency）。他們發現從1927年至1993年，動力溢價為10.9％。在動力因子公開發表後，從1994年至2015年，動力溢價出現下降，只有5.5％。161頁圖8.3顯示，在因子剛剛發表的短時間內，動力溢價表現良好，但之後出現大幅下降。其中，2009年的降幅為-82.9％，當時股市開始反彈，某些之前大跌的股票又出現大漲。正如之前所指出的，股市大跌風險提供了動力溢價為何存在的一種解釋。

對於每種因子，我們都看到在因子公開發表後，溢價出現了下降。然而，溢價並未消失。因子溢價的存在以及提供分散投資的幫助，促使理性投資者在投資組合中考慮利用這些因子。

溢價的下降並不完全由於學術研究成果的發表。以下是關於為何美國股票風險溢價逐漸消失的其他解釋：

■美國證券交易委員會（SEC）加強了對投資者的保護，降低了投資股票的風險，進而導致股票風險溢價逐漸下降。

■自「大蕭條」以來，美國聯邦儲備委員會對抗經濟波動的

圖8.1　規模溢價的回報效益（1927-2015）

10 年的年化回報效益（%）

── 規模因子

10 年的年平均回報效益（%）

── 規模因子

圖8.2　帳面市值比溢價的回報效益（1927-2015）

10 年的年化回報效益（%）

―――― 價值因子

10 年的年平均回報效益（%）

―――― 價值因子

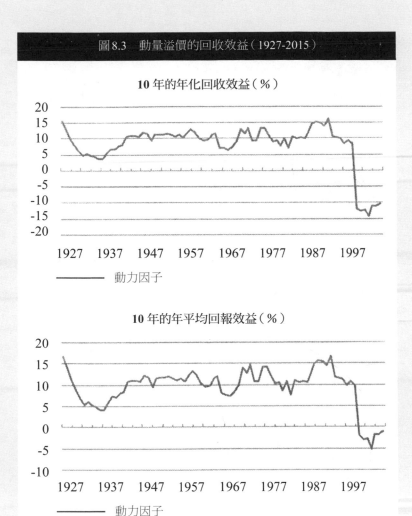

圖8.3　動量溢價的回收效益（1927-2015）

10 年的年化回收效益（%）

——— 動力因子

10 年的年平均回報效益（%）

——— 動力因子

能力已經得到證明。這降低了股票投資的風險，使更高的估值趨於合理。

■ 美國正在變得更富有。隨著財富的增長，資本稀有性下降。這導致有更高的股票估值。

■ 在接受流動性風險時，投資者要求一定的溢價。因此，流動性差的投資通常表現優於流動性強的投資。在其他因素不變的情況下，投資者偏好高流動性資產。因此在持有流動性差的資產時，他們要求一定的風險溢價。然而近年來，以買賣價差形式存在的流動性成本逐漸下降。出現這種情況有多方面原因，包括股價的十進位化，以及頻繁交易者帶來的高流動性。此外，傭金費用近年來也明顯降低。

■ 某些金融工具的引入使投資者可以以間接方式買賣流動性差的資產，例如期貨、指數基金和ETF基金，進而降低了投資者對流動性的敏感程度。這些工具表明投資者以間接方式持有流動性差的資產，同時維持極低的交易成本。借助這些市場創新，在其他因素不變的情況下，我們可以看到，投資者對股票風險溢價的需求出現下降。

這些因素說明了隨著策略配置成本的降低，投資者可以獲得更多的股票溢價。這讓股票的流動性增強，以及對投資者更好的保護，最終導致風險溢價下降。

泰隆・考帝亞（Tarun Chordia）、艾凡尼達・蘇布拉曼揚（Avanidhar Subrahmanyam）和佟慶（Qing Tong）於2014年發表論文《近期的高流動性及交易活動是否導致了資本市場異常減少》（Have Capital Market Anomalies Attenuated in the Recent Era of High Liquidity and Trading Activity）。論文研究了流動性增強對多種因子的影響。他們將2001年1月美國股市從分數報價改為十進位報價做為轉捩點，劃分低流動性和高流動性時代，隨後研究了這兩個時代中12種因子或異常的回收效益。這12種異常分別為規模、帳面市值比、股票周轉率、前一個月回報、動力、艾米胡德非流動性測量、會計應計項目、資產成長率、股票發行、特質波動率、獲利能力以及預期外利潤。其中的許多因子我們已在前面章節中進行過討論。

■作者發現，在股價十進位化後，12種因子或異常帶來的額外回報都出現了下降。對於其中5種因子，下降幅度有明顯的統計學意義。他們還研究了套利者關注這些因子、股價十進位化以及高股票周轉率帶來的效應。套利者在意的具體形式包括對沖基金資產和做空部位（用於做空，但尚未完成回補的股份數量）的增長。他們發現，流動性增強，以及更頻繁套利活動導致這些策略額外回報下降。不過他們也指出，儘管回報降低，但對於綜合性的投資組合，策略仍具有統計學意義。

異常為何能持續存在？

正如我們之前所解釋，即使是由於因子公開發表而變得眾所周知，但回報效益依然很明顯，而流動性的提升也讓因子交易變得更容易。這就帶來了問題：是什麼原因導致這種更高的回報效益可以持續存在？關於異常公開發表後為何能長期持續，金融學的理論是，套利限制制約了理性投資者利用異常的能力。具體證據如下：

- 許多機構投資者，例如養老金基金、慈善基金和共同基金受限於章程，不允許持有做空部位。
- 做空成本很高。這涉及借入股票，建立做空部位。許多股票的借入成本很高，因為機構投資者可供給的股票數量很少（他們通常也會減少持有這些股票）。小市值股票表現出的異常最明顯：大批量交易這類股票的成本很高，無論是做多還是做空（尤其是做空）。同樣的，由於可供借入的股票數量有限，因此借入成本也會很高。
- 由於可能的損失沒有上限，因此投資者不太願意接受做空風險。即使交易員認為某檔股票股價過高，但他們也知道，縱使股價可能調整，也無法判斷股價具體在什麼時候會發生調整。所以在開始下跌之前，股價仍有可能繼續上漲。這樣的股價走勢會導致做空者被迫投入更多資本，也可能迫使交易員以賠錢清算。

■市場上還存在其他某些限制，例如槓桿杆（借貸能力）、
交易成本，以及納稅情況（對於應稅投資者）等。

這些套利限制導致了持續的錯誤定價，進而阻止財富從非
理性投資者（一般認為的「傻錢」）流向更聰明的投資者。不過這
只是理論。楚永強（Yongqiang Chou）、大衛・赫許雷佛（David
Hirshleifer）和馬亮（Liang Ma）於2016年發表了學術論文《資產
定價異常中套利限制的因果效應》（The Casual Effect of Limits to
Arbitrage on Aseet Pricing Anomalies）。他們研究了套利限制對
於10種異常的因果效應。這10種異常分別為動力、獲得毛利能
力、資產增長率、投資與資產之比、資產回收效益、淨營運資
產、應計專案、淨股票發行、複合股票發行以及財務壓力。

以美國證券交易委員會的一項試驗「證券賣空規則」，他們
的研究試圖識別資產定價異常中套利限制（尤其是賣空限制）的
因果效應。美國證券交易委員會於2004年7月引入了證券賣空
規則，這一試做計畫隨機選擇某些股票，取消賣空限制。2004
年6月，對於羅素3000指數中的股票，證券賣空規則取消了紐
約股票交易所和美國證券交易所部分股票的「提價交易規則」。
這項規則阻止投資者賣空股價處於下跌中的股票。證券賣空規
則將紐約股票交易所和美國證券交易所（以及納斯達克）按交易
量排名的1/3股票做為試做股票。從2005年5月2日至2007年8
月6日，試做股票不必遵守提價交易規則以及目的類似的競價測

試。在這個項目中，試做股票的賣空要比非試做股票更簡單。這為研究賣空限制對資產定價異常的因果效應，提供了理想的場景。結果顯示因果效應非常明顯。

為了檢驗「套利限制」假設，楚永強和同事建立了多空投資組合。對於每種資產定價異常，他們同時挑選了試做股票和非試做股票。他們利用了可以預測橫斷面回報效益的多種變數，將試做公司分成10類，並用表現最好10%（「長腿」）的回報減去表現最差10%（「短腿」）的回報，進而計算出異常回報。隨後，對於所有非試做股票，他們應用了同樣的處理方法。以下是研究結果的重點：

■ 在試做期內，使用試做股票構建的多空投資組合異常極不明顯。

■ 對於10種異常中的4種，因果效應表現出統計學意義。當10種異常被合併檢驗時，因果效應同時表現出統計學意義和經濟學意義。

■ 在合併檢驗時，證券賣空規則導致異常回收下降了每月77個基點，或每年9.2%。結果具有明顯的統計學意義。

■ 在試做期內，以試做股票構建的「短腿」投資組合回收明顯更高，這意味著做空策略的收益率變低。相形之下，對於「長腿」投資組合，試做計劃沒有明顯影響。這與已知的套利限制一致。其他研究也發現，大部分異常可以用「短腿」這面做解釋。然而我們注意到，之前主要章節

中介紹的因子在「長腿」這面也都能帶來更高的回收。回憶這些章節中關於「可投資性」的部分，我們介紹了如何把握這些因子溢價，當時我們常常會引用共同基金取得的成績。2013年，羅南‧伊斯瑞爾和托拜亞斯‧莫斯科維奇發表學術論文《市場異常中做空、公司規模和時間扮演的角色》（The Role of Shorting, Firm Size and Time on Market Anomalies），提供了更多證據，顯示投資者有能力把握「長腿」面的因子溢價。

■ 在證券賣空規則2007年8月結束之後，試做股票和非試做股票賣空限制之間的差異消失，而試做股票投資組合和非試做股票投資組合異常回報效益的差異同步消失。

■ 更方便地賣空對異常的影響在小市值、流動性低的股票中更明顯。這與套利限制假設一致。

■ 在根據資本資產定價模型和法馬—佛倫奇三因子模型進行調整後，結果依然如此。對於這兩種情況，結果都有經濟學意義以及很強的統計學意義。

這些結果明確證實，證券賣空規則試點專案在縮小套利限制影響的同時，也降低了不易做空股票的錯誤定價程度。朴永強和同事們認為：「這些結果說明了套利限制，尤其是賣空限制在10種知名異常的出現過程中扮演了重要角色。因此，異常至少部分是由錯誤定價引起的。」

實際上，行為金融學已經提供了關於這方面的更多證據，說明賣空成本和限制會影響資產價格，導致異常的持續。投資者可以利用這種原理，避免買入負面異常屬性已經廣為人知的股票，或是投資已排除這類股票、單純做多的基金。

　　美國證券交易委員會2011年3月對賣空交易規則進行了修訂，其中的調整包括201規則，也就是修訂後的提價交易規則。這是一種與賣空有關的熔斷機制，觸發熔斷後，會對股票賣空價格做出限制。美國證券交易委員會還為證券業的經濟與經銷商頒布指南，使它們能夠將某些符合要求的訂單標記為無法賣空。不過需要再次指出，對做空的任何限制都會導致異常的持續。

　　關於異常為何能持續，學術研究還帶來了另一種解釋。

基準帶來套利限制

　　麥爾坎・貝克（Malcolm Baker）、布蘭登・布雷德利（Brendan Bradely）和傑佛瑞・烏格勒（Jeffrey Wurgler）於2011年發表學術論文《基準帶來了套利限制：理解低波動性異常》（Benchmarks as Limits to Arbitrage: Understanding the Low-Volatility Anomaly）。論文從另一種角度解釋為何異常會持續存在：典型機構投資者的目標是確保額外回報相對於固定基準的比率最大

化，同時避免產生槓桿。一些機構投資者嘗試避免對高風險資產的非理性需求。這些機構投資者通常採用根據市值來加權的固定基準。因此，撇開基準去利用各種異常對資產管理經理的職業前途是相當不利。

作者解釋：「典型的機構股票管理合同包含顯性或隱性要求，確保相對於特定的固定市值加權指數，實現資訊比率的最大化，同時避免產生槓桿。例如，如果基準是標準普爾500指數，那麼資訊比率（IR）的分子是投資經理取得的回報與標準普爾500指數回報之間的差異，分母是回報差異的波動性，也就是追蹤誤差。透過選股，以及避免使用槓桿，投資經理的目標是確保資訊比率最大化。」貝克、布雷德利和烏格勒指出，儘管投資者最終更關心總體風險，但引入追蹤誤差也給投資者帶來了幫助。透過與常用指數進行對比，我們能更方便地評價投資經理的能力和投資組合的風險。透過將投資經理的業績與指數進行比較，投資者更能夠追蹤投資組合的總體風險。

作者接著指出，「這樣做在帶來幫助的同時也造成了不利後果。由於基準的存在，機構投資經理就不太可能去利用異常。他們隨後用數學方式呈現這一點，並進一步證明，如果無法利用槓桿，那麼根據以往經驗，投資經理的動機就是加劇錯誤定價。他們指出，在資產管理行業的大部分領域，對槓桿的限制都是合理的前提是可以使用槓桿、有紀錄可查的管理資產總量很小」。為了進一步證明共同基金通常不會嘗試利用低 β 異常，作者觀察

到，在論文發表的前10年中，共同基金的平均市場 β 為1.10。

　　最後，貝克和同事總結道：「非理性投資者對高波動性的需求、以固定基準為參考的代客投資管理以及槓桿的缺失，這些因素共同顛覆了風險和回報之間的關係。在很大程度上，經驗豐富的投資者要求根據對基準的追蹤誤差來尋求最大主動回報，因此對異常採取觀望策略。」基於這些原因，異常往往會持續存在。

小結

　　學術研究發現，在因子公開發表之後，機構投資者會在交易中利用異常，其中對沖基金和主動管理型共同基金表現得最為積極。研究還說明了回收效益的可預測性不會完全消失，但溢價幅度將會出現約1/3的下降。此外，如果投資組合中包含套利成本高的股票，那麼在因子公開發表之後，溢價的下降幅度也會相對較小。這符合我們的直覺認識，就是成本限制了套利，保護了錯誤定價。

　　由此可清楚地認識到，有關異常的研究成果的發表確實會導致投資者增加資金投入，以期待更多的獲取異常所帶來的溢價。這將導致未來可實現回報降低。因此，投資者不應自動地認為未來的溢價會與歷史上保持一致。

CH

9

基於因子的
分散投資組合配置

任何因子都無法永遠適用，
對投資者來說，
關鍵在於不僅要確保投資組合中的資產分散，
也要確保可能使用的因子分散。

到目前為止，我們已經討論過各個因子，研究了這些因子是否適用於資產配置，並符合相應標準，包括持續性、普遍性、穩健性、可投資性以及從邏輯上可解釋。在本章中，我們將討論如何在實際操作中配置這些因子，以最佳的方式利用因子帶來的預期回報效益，同時謹慎對待可能的風險。在這裡為了合乎公司法務部門的規定，我們使用可能或潛在的說法。正如之前所說，任何因子都無法永遠適用。因此對投資者來說，關鍵在於不僅要確保投資組合中的資產分散，也要確保可能使用的因子分散。

根據前文的討論，如果想要增加對這些因子的部位，那麼可以關注對某些因子有偏好的基金，而非全市場基金，例如DFA的核心股票基金，包括DFEOX、DFQTX和DFIEX，或是在基金中加入「衛星」部位，加大對期望因子的部位。然而，投資者不應該以單一的眼光去看待每一筆投資。為了建構最佳的投資組合，平衡風險和回報，投資者應該考慮如何搭配投資組合的各個部分。對於這個問題，以因子策略為基礎的分散投資帶來了一種新方法。

以新方式去思考分散投資

分散投資被稱為投資過程中唯一的「免費午餐」。儘管分散

投資有很多明顯的好處，但許多投資者仍未能做到分散投資。其中最著名的問題之一就是本土偏見。這種偏見導致投資者將資產更多地配置於國內股市，同時忽略國際市場。美國股市占全球股票市值的50％左右。儘管如此，大部分投資組合只會將10％或更少的資產配置於國際市場。

當代金融理論給投資者提供了非傳統的方式去思考分散投資：分散投資帶來了一種方法，可以優化風險調整後的回報效益。請思考以下場景，投資人A希望將投資組合分散至全球，包含多種資產類別。因此，他買入了先鋒（美國）全股指基金投資者份額（VTSMX）和先鋒國際全股指基金投資者份額（VGTSX）。由於這些都是全市場基金，因此投資者會同時持有小市值和大市值股票，以及價值型和成長型股票。這就是傳統的分散投資方法。

現代金融理論提出了不同的觀點。為了解釋股市如何運轉，金融經濟學家研究了所謂的因子模型。正如前文所討論，可以解釋分散投資組合大部分回報差異的五種因子分別為市場 β、規模、價值、動力以及獲利能力／質量。需要再次指出的是，這些因子都是多空投資組合，對因子的投資部位決定了投資組合的絕大部分風險。

正如第一章所說，市場 β 衡量了投資組合相對於大盤的風險，其具體定義是投資組合和大盤連動的程度。因此從定義上來說，全市場基金對市場 β 的曝險為1。然而，儘管全市場基

金持有某些小市值股票，但規模因子並沒有任何曝險。許多投資者都看不明白這種似乎矛盾的說法。因子是多空投資組合，因此我們再次從定義來看，儘管全市場基金中的小市值股票提供了對規模因子的正曝險，但其中的大市值股票造成了負曝險，從而抵消了規模效應，使基金對規模因子的淨曝險為0。價值型股票的情況也是如此。儘管全市場基金中的價值型股票帶來了對價值因子的正曝險，但其中的成長型股票抵銷了這種曝險，導致基金對價值因子的淨曝險為0。動力因子和獲利能力／

表9.1　歷史相關性（1964-2015）						
因子	市場 β	規模	價值	動力	獲利能力	品質
市場 β	1.00	0.29	−0.27	−0.17	−0.27	−0.52
規模	0.29	1.00	0.01	−0.12	−0.22	−0.53
價值	−0.27	0.01	1.00	−0.20	0.09	0.04
動力	−0.17	−0.12	−0.20	1.00	0.08	0.30
獲利能力	−0.27	−0.22	0.09	0.08	1.00	0.74
品質	−0.52	−0.53	0.04	0.30	0.74	1.00

質量因子的情況也是如此。因此除市場 β 之外，全市場投資組合並沒有基於多種因子去分散投資，而正是這些被忽略的因子決定了投資組合的風險和回報。表9.1呈現從1964年至2015年，美國市場不同因子之間的年相關性。相關性的取值為+1到-1。如果兩種資產正相關，那麼當一種資產帶來相對平均值更高的回報效益時，另一種資產也趨向帶來更高的回報。如果是負相關，那麼當一種資產帶來相對於平均值更高的回報效益時，另一種資產趨向於帶來較低的回報。因此，相關性越低，分散投資優勢就越明顯。請特別注意動力與市場 β、規模和價值之間存在負相關關係。換句話說，如果某個投資組合建立了對這3種因子的部位，那麼加入對動力因子的部位將有利於分散投資。

為了利用規模和價值因子進行分散投資，投資者必須使投資組合有所偏向，相對於大盤更多地持有小市值股票和價值型股票。由於規模因子和價值因子帶來的年平均溢價率分別為3.3％和4.8％，因此如果希望增加對這兩種因子的投資部位，那麼有兩種資產配置選擇。第一種是利用因子投資的傳統方式，即增加投資組合的預期回報效益。由於這些因子相互之間的相關性很低，因此根據多種因子去分散投資的投資組合曾在風險調整後獲得過很高的回報效益。

我們還有第二種資產配置方式。這種方式想要的並不是提升預期回報效益，而是在維持預期回報不變的情況下致力於降

低風險。具體做法包括降低市場 β 曝險，同時增加對規模和價值因子的曝險。投資者不必對市場 β 有太大的曝險，就能獲得同樣的預期回報效益，因為所持有的股票預期回報是高於大盤。對市場 β 較低的曝險可以透過減少持有股票，增加持有債券來實現。最終結果是，透過加入對不同因子的曝險，即降低對市場 β 的曝險，增加對其他因子的曝險，投資將變得更分散。此外，由於更多資產配置於安全性高的債券，因此投資組合對期限風險的曝險上升，進一步強化了以因子為基礎的分散投資。

大部分投資者可能沒有注意到，由於股票相對於債券波動性更大，因此對60％資產配置於股票，40％資產配置於債券的典型投資組合，會有高於60％的風險來自股票配置（即基於市場 β 的資產配置）。實際上，在這種典型的投資組合中，市場 β 帶來了約85％的風險，而投資組合對其他股票因子沒有任何曝險。如果投資組合持有的債券僅限於安全的美國國債和政府債券、由聯邦存款保險公司承保的存款單以及高品質市政債券（包括獲得AAA/AA評級的一般債券，或必要服務收入債券），那麼期限風險占投資組合總風險的約15％。通過將投資組合向其他股票因子傾斜，同時降低對市場 β 的暴露口，投資者可以減少風險在市場 β 因子上的聚集，將風險分散至其他因子，包括期限因子。這將帶來所謂的風險平價投資組合[14]。這樣的投資組合更平均地將資產分散於各個因子。從表9.2中，可以看到

以因子進行分散投資所帶來的幫助。表格中的資料來自1927年
至2015年。對於每個因子，表中顯示了平均溢價、波動性以及
夏普比率。此外，表中還提供了對三種投資組合的相同資訊。
投資組合1（P1）將資產平均配置至4種因子：市場 β、規模、
價值和動力。投資組合2（P2）將80％資產平均配置到以上4種
因子，並將另20％資產配置到獲利能力因子。投資組合3（P3）
以類似P2的方式進行資產配置，僅僅只是用品質因子去替換獲
利能力因子。

表9.2　回報效益和風險			
	平均回報效益（％）	標準差（％）	夏普比率
市場 β	8.3	20.6	0.40
規模	3.3	13.9	0.24
價值	4.8	14.1	0.34
動力	9.6	15.7	0.61
獲利能力	3.1	9.3	0.33
品質	3.8	10.0	0.38
P1	6.5	8.8	0.74
P2	5.3	5.5	0.96
P3	5.6	5.6	1.12

除獲利能力因子和品質因子之外，因子之間的相關性很低。因此，這3種投資組合都表現出高於任何單個因子的夏普比率。從表9.3中，我們可以進一步看到以因子進行分散投資帶來的幫助。這張表格顯示了不同時間軸，各種因子失敗的機率。這張表格中的資料同樣來自1927年至2015年。

可以看到，無論時間軸有多大，三種投資組合失敗的機率都低於任何單個因子。艾瑞克・哈加瑪森（Erik Hjalmarsson）於

表9.3　失敗的機率（%）					
	1 年	3 年	5 年	10 年	20 年
市場 β	34	24	18	10	4
規模	41	24	30	23	14
價值	37	28	22	14	6
動力	27	14	9	3	0
獲利能力	37	28	23	15	7
品質	35	25	19	11	4
P1	23	10	5	1	0
P2	17	5	2	0	0
P3	13	3	1	0	0

2011年發表學術論文《多種特徵的投資組合的分散化》（Portfolio Diversification Across Characteristics）。這篇論文提供了更多證據，試圖證明因子分散投資帶來的幫助。在這篇論文中，他研究了從1951年至2008年，以7種股票特徵的多空投資策略的表現。

其中3種策略與動力或反轉有關：

■短期反轉，定義為前一個月（t-1）的回報

■中期動量，定義為從t-2到t-12個月的回報

■長期反轉，定義為t-13到t-60個月的回報

3種策略與價值因子有關：

■帳面市值比（BtM）

■現金流股價比（CP）

■利潤股價比（EP）

最後一種策略是以規模因子為基礎。之後作者用單一特徵投資組合的表現去比較平均加權投資組合的表現。以下是他的發現：

■每種單一特徵都能帶來可獲利的投資組合策略。

■相對於任何單一特徵投資組合，平均加權的分散投資組合幾乎總能帶來更好的夏普比率。

■對以這些特徵的多空策略，分散投資的優勢很明顯。原

因在於，不同單一特徵策略之間的相關性大多很低，某些時候甚至出現負相關。

■根據3種價值比率，包括帳面市值比、現金流股價比和利潤股價比建構的投資組合，回報之間的相關性相對較高。

■價值比率與短期反轉之間的相關性大部分情況為負，與動力因子之間的相關性很弱，但與長期反轉之間的相關性通常為正。

■規模因子與長期反轉之間的相關性最高，與動力因子之間的相關性為負。

■短期反轉與動力因子之間的負相關很明顯，但與長期反轉之間表現出較弱的正相關。

■動力因子和長期反轉之間表現出相對較強的負相關。

■這些結果具有統計學意義。

　　儘管研究沒有涉及對交易成本的完整分析，但哈爾瑪森判斷，有強烈的理由認為，在對交易成本進行控制後，結果依然會是如此。這個研究結果進一步支持了我們的假設，即透過多因子的分散投資，我們可以建構出更高效的投資組合。

　　總而言之，全市場投資組合將所有雞蛋放在同一個因子（或者說風險）籃子裡，這就是市場 β，而有所偏向的投資組合可以分散風險。如果利用有偏向的策略去降低對市場 β 的曝

險，那麼投資組合將增加對期限因子的暴露口，從而帶來明顯的分散投資優勢。如果不同風險籃子所帶來溢價的相關性很低，或者為負，那麼利用多個風險籃子對投資者而言就是一種分散投資的好辦法，同時還可以優化風險調整後的回報效益。本章中大部分的討論圍繞在多空投資組合，也對以因子的分散投資進行了簡單討論。如果希望瞭解更深入的討論以及單純做多投資組合的情況，那麼可以參考賴瑞‧斯韋德羅（Larry Swedroe）和凱文‧葛羅根（Kevin Grogan）的著作《降低黑天鵝風險：利用投資科學把握回報、降低波動性》（Reducing the Risk of Black Swans: Using the Science of Investing to Capture Returns of Less Volatility）。這本書專注於如何運用有偏向的投資策略，並介紹了投資者在不犧牲回報效益的情況下如何降低巨額虧損的風險。

　　以下的簡單案例或許可以帶來啟發。試想從1927年到2015年的時間段，並將年度在平衡考慮內。一個投資組合將60％資產配置於標準普爾500指數，40％資產配置於五年期美國國債。這樣投資組合的年回報為8.6％，標準差為12.2％。現在，將股票配置降低至40％，其中一半採取偏向某些因子的策略（在這個案例中使用規模和價值因子）。因此，這個投資組合將20％資產配置於標準普爾500指數，20％資產配置於法瑪-佛倫奇美國小市值價值型研究指數，60％資產配置於五年期美國國債。這樣的投資組合年回報為8.9％，標準差為10.4％。很明顯地，第二種投資組合可以同時帶來更高的回報效益和更低的風險。

儘管因子分散投資有許多優勢，但也帶來了被稱做追蹤誤差遺憾的風險。這將是附錄 A 要討論的問題。

CH

10

結論

在投資之前，
請確保你堅信某個因子背後的邏輯，
以及為什麼你相信這個因子可以長期有效。
因為紀律性是成功投資者的關鍵特質之一。

儘管「因子動物園」中有600多種因子，但本書的討論僅限於市場 β、規模、價值、動力、獲利能力、品質、期限和持有。如果將因子投資比喻成迪士尼樂園，那麼這8個因子就是最具價值的遊園護照。

　　基於學術論文中的證據，我們希望對不同因子的偏向可以幫助當代投資者建構出更高效的投資組合。考慮到共同基金公司之間的激烈競爭，基金費率的大幅下降，投資者目前能夠以更低的成本來進行這樣的操作（成本似乎還將變得更低）。我們引用的許多論文發表時間都不長，因此可以想像相關研究，也就是如何用因子特徵去解釋資產的回報效益，將會繼續保持活躍。我們無法預測未來的發展會是什麼樣，但我們希望，本書介紹的框架可以幫助你更清楚地理解因子，判斷在投資組合中是否以及如何利用因子。此外我們還希望，本書能讓看起來複雜的因子投資技術變得更清晰。

　　我們還要做出一些提示。首先，正如我們所說，包括前文推薦的因子，所有因子都曾經歷過長時間的失敗基準。因此在投資之前，請確保你堅信某個因子背後的邏輯，以及為什麼你相信這個因子可以長期有效。如果缺乏堅強的信念，那麼在不可避免的長期失敗基準階段，你就不太可能堅持投資紀律性。而紀律性是成功投資者的關鍵特質之一。最後，由於沒有辦法去了解，哪些因子未來可以帶來溢價，我們建議你建構出以多種因子的分散投資組合。俗話說，分散投資是投資過程中唯一

的免費午餐。因此，我們建議你盡可能多地去享用這份免費午餐。不過到這裡，我們還沒有結束。我們還想提供一些彩蛋給你。

■附錄A

附錄A介紹了一種可怕的情況，那就是追蹤誤差遺憾。如果投資者在全市場指數的基礎上進行分散操作，那麼就會面臨這種風險。追蹤誤差遺憾會導致投資者犯錯，混淆事前策略與事後結果，最終放棄經過深思熟慮的投資計畫。

■附錄B

附錄B解釋了，儘管類似聰明 β 的東西確實存在，但這更多的是行銷手段，即重新包裝某些已廣為人知的因子。

■附錄C, D, E

這三個附錄解釋了為何不必繞個大圈，花時間去關注 因子動物園 中另三種最熱門因子：股息因子、低波動性因子（或類似的低 β 因子）和違約因子（信用因子）。

■附錄F

附錄F討論了另一種動力因子，即時序動力。這與我們在第四章中討論的橫斷面動力是近親。

■附錄 G

附錄 G 展示了，為何當你已針對建議因子建立部位之後，再加入額外的因子部位不會帶來太大潛力。此外這裡還解釋了，投資者應當專注在單一要素，還是多種風格基金。

■附錄 H

這項附錄討論了一項有趣的研究，即投資領域的子是否也可以解釋運動彩券的結果。如果答案是肯定的，那麼關於因子對投資回報的解釋能力，這就提供了一種非常特別的樣本以外的檢驗方式。

■附錄 I

附錄 I 以新方式去分析規模因子，證明規模因子依然非常穩定。我們還證明，如果只關注絕對溢價幅度，而不考慮基金可以實際把握的溢價，那麼投資者可能會做出錯誤的結論。

■附錄 J

最後，附錄 J 提供了簡短的共同基金和 ETF 基金列表。我們認為，在建立因子投資部位的過程中，這些基金值得考慮。

APPENDIX

附錄

追蹤誤差遺憾：投資者的大敵

　　成功的投資經驗包含多方面因素。首先是制訂深思熟慮的財務計畫。這樣的計畫應該從認識自身的能力和意願開始，並需要承擔風險。此外你還需要明確性，希望你的資金能發揮什麼樣的效果。在辨識所有風險和目標之後，你就可以結合財產、納稅和風險管理計畫，制訂總體財務計畫。接下來是決定採取什麼樣的投資策略，才能在可接受的風險範圍內實現你的目標。

　　有兩種工具可以幫助理財顧問、受託人和投資者尋找謹慎的投資策略。這就是1992年的《信託法重述》（Restatement of Trusts）（第3版），即謹慎投資原則（Prudent Investor Rule），以及 1994 年的《統一謹慎投資人法》（Uniform Prudent Investor Act）（UPIA）。這兩項規則在制定過程中都考慮了當代投資組合理論（MPT）。該理論的基本原則之一是，在採用適當策略的情況下，透過分散投資，投資業績不佳的風險及回報的波動性和離散都會降低，而預期回報效益不會受到影響。

　　因此分散投資組合被認為更高效、更謹慎。《統一謹慎投資人法》指出，「長期以來的要求，即受託人對投資進行分散，已被納入謹慎投資的定義之中。」

　　分散投資的助益已經眾所周知。實際上，分散投資也被稱做投資過程中唯一的免費午餐。我們建議，投資者一方面根據

國內資產類別（小市值和大市值股票、價值型和成長型股票，以及房地產）和之前討論過的因子進行分散投資，另一方面也要考慮對國際資產類別（包括新興市場股票）進行足夠的配置。

然而，採用分散投資策略的投資者必須知道，他們正在接受另一種風險。這是一種心理學風險，稱為追蹤誤差遺憾。追蹤誤差可以帶來這樣的風險，即某個分散投資組合的表現比普遍參考的基準來的差，例如標準普爾500 指數。對追蹤誤差的遺憾可能會導致投資者出錯，混淆事前策略和事後結果。

混淆策略與結果

納辛・尼可拉斯・塔雷伯（Nassim Nicholas Taleb）曾發表著作《隨機漫步的傻瓜：發現市場和人生中的隱藏機遇》（Fooled by Randomness: The Hidden Role of Chance in Life and in the Markets）。關於策略和結果的混淆，他在書中指出：「沒有人可以根據結果去評判任何領域，例如戰爭、政治、醫藥和投資的表現，有意義的評判標準是比較其他選擇造成的成本（例如，如果歷史以不同方式推進）。這種對事件的替換過程種為歷史替換法。很明顯，某個決策的品質高低無法僅僅用取得的成果來評價，然而失敗者常常會發表這樣的論調，而成功者通常將成功歸功於他們決策的品質。」

不幸的是，在投資過程中，我們沒有魔法般的水晶球去準確預測未來的結果。因此，評價某種策略的方式是在結果出現之前，而非之後，分析其質量和謹慎性。

2008到2015年的資料提供了檢驗依據

自2008年以來，關於能否有效排除掉追蹤誤差遺憾，投資者一直面臨考驗。從2008年到2015年，美國主要資產類別的回報效益基本類似。標準普爾500指數的年回報為6.5％，MSCI美國大市值價值指數的回報為5.1％，MSCI美國小市值1750指數的回報為7.7％，MSCI美國小市值價值指數回報為7.7％。這4種指數的總回報效益分別為66％、49％、82％和70％。

然而，國際股市的回報效益遠遠落後。同一時間段，MSCI歐澳遠東指數的年回報效益為0，MSCI新興市場指數的年回報效益為 -3％（總回報效益為-21％）。 很明顯地，利用國際市場分散投資的投資者會感到失望，而這樣的情緒導致許多人傾向放棄以國際市場的分散投資策略。那麼我們是否可以根據結果認為這種策略是錯誤的？如果用塔勒普提出的觀點去看待這個問題，那麼答案是否定的。為了瞭解為何採取正確觀點也就是塔勒普觀點是明智之舉，我們可以考慮從這段時間的起點來看一名投資者（這名投資者沒有水晶球能夠準確預言未來）。 對這

名投資者來說，世界是什麼樣的？為了回答這個問題，我們先看看之前 5 年的回報效益。

追蹤誤差的正面向

在 2008 年初，研究投資策略的投資者可能會看到以下回報效益。從 2003 年到 2007 年，5 年時間裡標準普爾 500 指數帶來了 83％的回報，不及 MSCI 歐澳遠東指數 171％的一半，略高於 MSCI 新興市場指數 391％的 1/5。確實，在短短 5 年時間裡，MSCI 新興市場指數優於標準普爾 500 指數 308％。

如果你覺得這很糟糕（或者說很棒，取決於你站在哪方），那麼 DFA 新興市場小市值投資組合基金（DEMSX）帶來的回收還要更高，達到 430％，比標準普爾 500 指數高出 347％。DFA 新興市場價值投資組合機構類基金（DFEVX）的總回收為 546％，比標準普爾 500 指數高 463％。

如果關注美國國內的資產類別，那麼標準普爾 500 指數同樣低於了 MSCI 美國小市值 1750 指數 40％，也低於 MSCI 美國小市值價值指數 28％，比羅素 2000 價值指數低 25％。此外，標準普爾 500 指數的漲幅也要比 MSCI 美國主要市場價值指數低 14％，比羅素 1000 價值指數低 15％。

可以看到，追蹤誤差帶來了兩種效果，包括正的追蹤誤差

和負的追蹤誤差。重要的是，我們認為如果投資者聚焦在2003年到2007年之間的回報效益，那麼他們不會質疑建立全球分散投資組合的好處。令人遺憾的是，兩方面問題，也就是「投資相對論」（你的投資組合的表現相較於朋友的或主要基準之間的差異）和「時近效應」可能導致投資者放棄深思熟慮的計畫。

投資相對論

許多投資者都進入了先鋒基金創始人約翰·柏格（John C. Bogle）所說的「投資相對論的年代」。投資者是否感到滿意（更進一步說，是否保持紀律性，堅持某種策略）似乎取決於他們投資組合相對於指數（對樂意接受分散投資理念的投資者來說，這些指數或許沒有相關性）的表現。

然而不幸的是，即使在最好情況下，投資相對論帶來的也只是精神上的勝利，而不是智慧和經驗的勝利。金融市場的歷史已經證明，相較於長期變化，目前趨勢只是雜音。柏格曾引用匿名投資組合經理的話：「愛因斯坦的相對論很有用，但在投資過程中相對論毫無用處。」

時近效應

時近效應的定義是，最近觀察到的現象對個人記憶的影響力最大，進而改變人的感知。這是一種被廣泛討論的認知偏見。如果投資者專注最近回報效益，並將這樣的回報投射至未來，那麼這樣的偏見可能會影響投資行為。這是一種十分常見的錯誤，導致投資者買入近期表現良好的股票（以較高的價格，這時預期回收效益變低），同時賣出近期表現較差的股票（以較低的價格，這時預期回收效益變高）。高買低賣不可能帶來投資的成功。然而研究顯示，由於時近效應的存在，許多投資者都在做高買低賣的操作。這樣的行為導致普通投資者的回收低於基金。有一種高級策略可以解決這種偏見，就是有紀律地對投資組合做再平衡操作，系統性地出售近期表現相對較好的股票，買入表現相對較差的股票。

現在，我們還有最後一個問題要討論。

缺乏耐心

我們已經知道，在考慮投資回收時，典型投資者會將3到5年週期視為長期，10年週期視為永恆。然而，在研究有風險資產的回收效益時，3到5年短週期的情況只能被視為雜音，甚至

10年也只是相較的短時間。對於這個論斷，我們有個非常有力的證據：21世紀的前10年，標準普爾500指數的年回報為-1%。然而，投資者不會僅僅根據這10年的資料就失去對股票的信心，認為股票無法優於美國國債。

此外還有更強力的證據。在截至2008年的40年時間裡，美國大市值和小市值成長型股票都比長期美國國債的表現要差。我們期望投資者沒有放棄長期以來的觀念，也就是有風險資產未來可以取得更好的業績，即使這些資產在很長一段時間裡表現不佳。確實，債券的長期牛市正導致收益率創下歷史新低，潛在回報效益下降。同樣地，在關注國際投資時，當國際市場股票陷入不可避免的低迷期時，投資者更傾向放棄經過深思熟慮的國際化分散投資策略（這或許是因為有本土偏見）。

投資者需要理解，在投資有風險資產和因子時，他們必然會遭遇資產和因子表現不佳的漫長時期。在本書關於證券因子的每一章中，我們已經證明，無論時間軸有多長，因子—包括股票因子的溢價率都有可能為負。以5年為週期，失敗機率低於18%的唯一因子是動力因子。但是，如果沒有失敗的可能性，那麼投資策略就不會有風險，溢價就會消失。

總結

　　分散投資意味著接受了以下事實，即投資組合的一部分可能會與投資組合本身的風格完全不同。瞭解自身對追蹤誤差的容忍水準，並相應地展開投資，這將有助於紀律性的保持。如果你只能接受較小的追蹤誤差，那麼投資組合的股票部分就應該參考更多標準普爾500指數。如果你選擇類似大盤的投資組合，那麼就不會以資產類別或因子進行分散處理，也不會存在國際化的分散投資策略。在避免追蹤誤差還是接受追蹤誤差兩者之間，你不會有免費的午餐。

　　在掌握這種平衡的同時，你還需要判斷如何將資產適當地配置於股票和固定收益產品。如果你的策略要嚴格地以資產類別和因子進行國際化分散投資，且採取被動管理的方式，那這樣的紀律性很可能帶來回收。

附錄

B

關於「聰明 β」的真相

　　諾貝爾獎得主威廉‧夏普（William F. Sharpe）曾被問到：關於「聰明 β」，他的觀點是什麼。他的回答是，這種說法本身就讓他無所適從。儘管我們的看法並沒有如此強烈，但也要提出警示：許多自我標榜為聰明 β 的策略實際上只是行銷噱頭。它們只是簡單地將數量化管理策略進行重新包裝與品牌推廣，而數量化管理策略已經提供我們之前討論過的對多種因子的部位。不過，儘管「聰明 β」只是行銷噱頭，但在投資過程中同樣有效。實際上，我們支持的是「聰明 β」策略對多種因子建立部位。

　　認為「聰明 β」不存在的觀點在於 β 就是 β，或者說只是對某種因子的利用。威廉‧夏普在研究當代投資組合理論的資本資產定價模型時提出了 β 的概念。正如夏普的解釋，β（這裡說的是市場 β）只是反映了投資組合對市場整體變化的敏感程度。所以怎麼可能讓它變得更「聰明」？ β 不會變得聰明。也並不能更改，更不會變得更好。β 就是 β。

　　隨著資產定價理論的發展，額外因子的引入，我們知道主動管理型基金經理相較於資本資產定價模型取得的更好表現（即 α）實際上是對其他要素建立部位的結果，也就是規模因子、價值因子、動力因子和獲利能力/品質因子帶來的 β。

儘管相對於原始的資本資產定價模型，多因子模型可以提供關於回收效益更完美的解釋，但模型無法解釋的異常（請記住，規模、價值和動力曾一度被認為是異常）仍然存在。其中之一是，任何回報呈現樂透式分佈的資產都表現出較差的風險回報特徵。建立對這些資產的部位會導致負的 α（即低於基準的回報效益）。這讓我們又回到了最開始的問題，那就是聰明 β 是否存在。我們認為，儘管這可能只是用詞問題，但答案仍是肯定的。讓我們來看看原因何在。

基金建構規則

　　許多不同投資組合對多種因子有相同的部位。換句話說，這些投資組合的 β 是相同的。我們假設自己持有一支美國全市場共同基金（基金A）。從定義上來說，其市場 β 為1。基金B的管理者認為，透過篩除所有樂透式分布的股票（例如首次公開招股股票、低價股、已破產的股票以及規模很小的成長型股票），他可以獲得聰明 β。基金B的市場 β 可能也是1，但從長期來看可能會獲得更高的回收效益。由於市場 β 是相同的，因此可以說，基金B具備聰明 β，或稱為更好的 β。你也可以說，如果基金B確實帶來了更高的回報效益，那麼這檔基金就具備 α。兩者之間只是用詞不同，而沒有實質差異。設計聰明

的基金建構規則是獲得聰明 β 的多種方式之，另一種方式是對交易成本的適當管理。

交易成本

　　如果基金的唯一目標是複製指數（指數型基金通常如此），那麼當有股票加入或退出指數時，基金就必須進行交易。這就導致基金成為流動性的需求者（或者說購買者）。這也意味著，當某檔基金需要流動性時，其他指數基金也會有類似需求。此外，基金對某檔股票的持股比例必須符合股票在指數中的權重。如果基金的目標是透過所投資資產類別或因子去獲得回報，並願意接受隨機追蹤誤差，那麼在交易中可以採取更耐心的策略，降低對流動性的需求。例如，投資者可以使用演算法交易系統去下單，降低交易成本，或使用批量交易策略，利用主動管理型基金經理帶來的折扣。這些基金經理需要快速買入賣出大量股份。耐心可以降低交易成本，而批量交易在某些情況下甚至會使交易成本為負。

　　下面還有另一種方式，可以讓 β 變得更聰明。

多元風格基金和單一風格基金

我們強調，投資者至少應當考慮以多種因子讓投資組合分散化。如果這樣做，那麼下一步需要決定的是，投資多支單一風格基金還是一支多元風格基金。這兩種方式可以帶來對各個因子的同樣曝險。然而，經過良好設計的多元風格基金將帶來更聰明的 β。原因之一是多元風格投資方法可以在交易前利用多種風格信號。例如，如果一名投資者希望建立價值和動力部位，他可以買入一支價值型基金和一支動力型基金。當股票XYZ的股價出現下跌時，就進入了價值型基金的買入範圍。同時該股票近期表現不佳導致動力型基金的賣出。多元風格基金會避免這樣的轉手及相關成本。對於應稅投資者，這或許還可以降低納稅負擔。儘管單一風格基金更簡單，但多元風格基金也有自身的優勢。

指數和基金建構規則的選擇

關於更聰明的 β，另一個例子是對基準指數及投資組合建構規則的選擇，包括基金追蹤基準指數的密切程度。這些因素的重要性在於，指數重構頻率會影響回報效益。大部分指數，例如羅素指數和RAFI基本面指數，每年都會進行重建。如果基

金沒有制定頻繁重建計畫，那麼就會導致投資風格出現明顯漂移。例如，從1990年至2006年，每年6月份羅素2000指數成分股將會有20％在當月底的指數重構中被排除。對於羅素2000價值型指數，這個比例為28％。最終結果是，以羅素2000指數的小市值指數基金將會看到，對小市值風險因子的曝險在一年中逐漸降低。對以羅素2000價值指數的小市值價值基金來說，它們對小市值溢價和價值溢價的部位都會逐漸降低。對這些要素的部位降低將造成低於預期的回報效益。為了解決這個問題，基金可以選擇每月或每季度重建，具體頻率取決於重建對股票周轉和交易成本的影響。

以下案例也可以解釋，聰明 β 為何不完全是行銷噱頭。前文已經提到，基金可以透過對建構規則的選擇來獲得更聰明的 β。通過對4種主要小市值指數進行回歸分析，我們可以完全證明這點。這4種指數分別為羅素2000、CRSP 6-10、標準普爾600以及MSCI美國小市值1750。表B.1顯示了利用法馬—佛倫奇因子模型進行四因子（市場 β、規模、價值和動力）回歸分析的結果，資料涵蓋1994年（標準普爾600指數的創立日）到2015年12月。括弧中為t統計量。

需要指出的是，上表中的所有可決係數都非常高，這意味著模型能夠完整地對回收效益做出解釋。此外，幾乎所有的負載統計量都很高。在這段時期，利用法馬—佛倫奇數據，市場 β 溢價為6.3％，規模溢價為1.2％，價值溢價為1.3％，動力溢

表 B.1 小市值指數和因子曝險部位（1994-2015）							
指數	年 α （%）	市場 β	規模	價值	動力	可決係數 （%）	年化回報 效益
CRSP 6–10	0.98 (1.8)	1.01 (90.3)	0.86 (60.3)	0.16 (10.1)	−0.14 (−15.1)	99	10.3
MSCI 1750	−0.01 (0.0)	1.04 (68.1)	0.61 (31.1)	0.26 (12.4)	−0.03 (−2.2)	97	10.3
羅素 2000	−1.96 (−2.9)	1.01 (72.8)	0.79 (44.4)	0.26 (13.3)	0.01 (0.7)	97	8.4
標準普爾 600	−0.31 (−0.3)	0.98 (47.4)	0.70 (26.5)	0.35 (12.1)	0.01 (0.7)	97	10.2

價為4.4%。

可以看到4種指數對市場 β 的曝險類似，範圍為0.98至1.04。然而，對其他因子的曝險則有很大不同。規模因子的曝險範圍從CRSP 6-10指數的0.86到 MSCI 美國小市值1750指數的0.61。價值因子的曝險範圍從標準普爾600指數的0.35到CRSP 6-10指數的0.16。動力因子的曝險範圍從羅素2000指數和標準普爾600指數的0.01到CRSP 6-10指數的-0.14。

CRSP 6-10指數對規模因子的曝險最高（有利於預期回報效益），但對價值和動力因子的曝險最低（拖累了預期回報）。對價值和動力因子較低曝險造成的拖累，抵消了對規模因子較高曝險帶來的溢價。該指數的年 α 為0.98％。此外，統計信心水準為5％（t統計量為1.8），接近具有統計學意義。

相較於CRSP 6-10指數，MSCI美國小市值股1750指數對規模因子的曝險較低，但對其他3種因子的曝險較高。最終結果是，後者的年化回報效益為相同的10.3％。該指數的 α 約為0。

如果比較CRSP6-10指數與標準普爾600指數，那麼可以看到類似的情況。後者比前者對價值和動力因子的曝險較高，但對規模因子的曝險較低，對市場 β 因子的曝險略低。最終結果是，標準普爾600指數的表現僅比CRSP 6-10指數低0.1％。此外，標準普爾600指數帶來了負的年 α，即-0.31％，但這種負的 α 尚未具有統計學意義。

羅素2000指數的情況完全不同。與CRSP 6-10指數進行比較，羅素2000指數對市場 β 有同樣的曝險，對規模因子的曝險較低，但對價值和動力因子的曝險較高。顯示羅素2000指數有較高的回報效益。然而，羅素2000指數的年 α 為-1.96％，導致回收效益只有8.4％，比CRSP6-10和MSCI美國小市值1750 指數低1.9％。[15] 正如我們所看到的，當基金選擇不同指數去設計建構規則時，最後回報效益將會有明顯不同。

這個例子說明了在選擇基金時，投資者不僅需要對不同因

子的曝險做選擇，還要考慮基金的建構和配置規則，後者同樣可以影響回報效益，而且非常明顯。

　　如果某種投資策略提供了本書推薦的因子投資部位，那麼我們就願意給予支持，無論這種策略是否自稱為「聰明 β」。有些基金利用了未公開的因子或新發現的因子，而這些因子不符合我們的標準。對於這些基金，我們持謹慎態度。請小心行事，並記住基金配置的具體方法也很重要。總而言之，借助聰明、耐心的交易策略，同時利用學術研究中的發現，我們可以獲得比全市場投資組合和單純指數基金回報更高的投資組合。換句話說，某些時候，聰明 β 確實是更聰明的 β。

股息並非一種因子

在1961年發表的學術論文《股票的股息策略、增長和價值》（Dividend Policy, Growth, and the Valuation of Shares）中，莫頓・米勒（Merton Miller）和法蘭柯・莫迪格里亞尼（Franco Modigliani）提出了著名論述，即股息策略與股票回報效益毫不相關。在50多年時間裡，這個論述沒有在學術層面遭遇過挑戰。此外，經驗證據也支持他們的觀點。因此，沒有任何資產定價模型會將股息因子包含在內。

儘管傳統金融學理論長期都這樣認為，但近幾年出現的最重要趨勢之一正是基於股息策略去投資，例如投資股息率相對較高的股票，或投資以往曾調高股息的股票。這類策略吸引了越來越多的興趣。這一方面是由於媒體炒作，另一方面也是因為目前利率正徘徊在歷史最低水準。

自2008年金融危機以來，高安全性的債券通常只能帶來非常低的收益率。這導致許多曾經保守的投資者將資產配置從高安全性債券轉向風險更高但發放股息的股票。如果採用收入方法或現金流方法，而不是總回報方法，那麼確實可以看到投資收益的上升。但我們認為，總回報方法才是正確的。

學術研究

　　雅克布・波多克（Jacob Boudoukh）、羅尼・麥克利（Roni Michaely）、馬修・理查森（Matthew Richardson）和麥可・羅伯茲（Michael Roberts）於2007年發表學術論文《衡量股息收益率的重要性：實踐中資產定價的啟示》（On the Importance of Measuring Payout Yeild: Implications for Empirical Asset Pricing）。他們發現，在1972年至2003年的樣本資料中，很難用股息收益率去預測未來回報效益。艾米特・哥雅（Amit Goyal）和伊沃・威爾許（Ivo Welch）於2003年發表學術論文《用股息率預測股票溢價》（Predicting the Equity Premium with Dividend Ratios）。他們發現在樣本資料中，股息收益率幾乎沒有任何預測能力。他們指出：「我們發現，即使是在90年代之前，股息率也沒有任何預測能力。只有1973年和1974年兩年似乎是個例外。」

　　截至目前的近20年時間裡，金融行業使用的基本模型是卡哈特四因子模型，其中的4種因子分別為市場 β、規模、價值和動力。這種模型可以解釋分散投資組合回報差異的約95%。其他更新穎的模型，例如 q 因子模型，在加入了獲利能力因子和投資（投資水準較低的股票能優於投資水準較高的股票）因子之後，帶來了更強的解釋能力，消除了之前模型中存在的幾乎所有異常。可以看到的是，沒有任何資產定價模型包含股息因子，這與理論上的研究結果一致。

反過來，如果股息在決定回報效益的過程中扮演了重要角色，那麼目前的資產定價模型就無法發揮出良好的效果。換句話說，如果在目前所使用因子的基礎上，股息能帶來更強的解釋能力，那麼我們就必須在模型中加入股息因子。但實際上，如果股票對已知因子有著同樣的曝險部位，那麼無論股息策略如何，它們的預期回報效益都是相同的。例如，高股息策略的回收可以用在常見因子，尤其是價值因子的曝險部位來解釋。股息增加策略的情況也是如此，其回報效益可以用在其他因子，尤其是獲利能力/品質因子的部位來解釋。為了證明這點，我們分析了先鋒非常熱門的股息升值交易所交易基金（VIG）。該基金的資料從2006年6月開始。五因子回歸分析顯示，在2016年2月之前，該基金對常見因子的曝險部位如下：市場 β（0.93）、規模（-0.09）、價值（0.14）、動力（-0.01）和品質（0.34）。市場 β 為0.93表明，這檔基金相較於美國股市整體（市場 β 為1）的風險略低。對規模因子的曝險部位為-0.09顯示該基金對大市值股票的持有略高於平均水準。對價值因子的曝險部位為0.14 則顯示該基金持有的股票對於價值因子有一定部位。此外，對動力因子的曝險接近於0，對品質因子的曝險很明顯。除了對動力因子的曝險之外，對其他因子的曝險都具有統計學意義。價值因子曝險部位的t統計量超過3，而品質要素的t統計量超過6。可決係數為95％，都顯示出這個模型可以完整地解釋基金回報效益。

這些發現帶來了重要啟示，因為約60％的美國市場股票和約40％的國際市場股票不支付股息。因此，如果將股息視為投資組合設計中的因子，並因此排除某些股票，那麼會導致投資組合不夠分散。分散程度較差的投資組合效率較低，更容易出現明顯的回收離散，且沒有任何形式的較高預期回報做為補償（假設對其他因子的曝險部位是相同的）。

理論和實踐均表明，股息並不是一種可以解釋回報效益的因子。那麼，為何許多投資者對股息有明顯的偏好？從經典金融學理論的角度來看，這是種來自複雜人類行為的異常。因為在考慮所謂的市場「阻力」（例如交易成本和納稅）之前，股息和資本收益可以完美地替代彼此。簡單來說，現金股息會導致股價下跌，而下跌幅度應等同於股息數額。[16] 情況必定如此，除非你認為1美元的股息和1美元的股價價值不同。因此，投資者應該以同等方式去看待現金股息以及出售同樣價值公司股票獲得的「自製」股息。在不考慮「阻力」的情況下，現金股息和「自製」股息彼此是完美的替代。如果不考慮「阻力」，因為股息不是好事也不是壞事，所以投資者不應對股息有所偏好。

華倫·巴菲特於2011年9月提到過這點。在波克夏-海瑟威公司公佈股票回購計畫之後，某些人開始關注巴菲特沒有發放現金股息的問題。在給股東的郵件中，巴菲特詳細解釋為何他認為股票回購計畫最符合股東利益。他認為，如果股東更偏好現金，那麼實際上可以透過賣出股份來獲得收益。

身為行為金融學領域的領袖，赫許・雪弗林（Hersh Shefrin）和梅爾・史泰曼（Meir Statman）在1984年發表的學術論文《解釋投資者對現金股息的偏好》（Explaining Investor Preference for Cash Dividends）中，試圖解釋投資者偏好現金股息這種行為異常。

他們提出的第一種解釋是，投資者可能會發現，他們難以用「延遲欲望」來以控制消費。為了解決這個問題，對於消費他們採用「現金流」的方式，限制來自投資組合的利息和股息的消費額度。以「自製股息」的總回報方法無法解決矛盾，就是投資者希望拒絕當下享受，但卻發現自己抵抗不了誘惑。基於納稅原因，儘管對股息的偏好可能並非最佳選擇，但因為解決了行為學問題，因此對個人投資者來說，這被認為是理性做法。換句話說，投資者希望延遲消費，但卻意識到自己的天性中缺乏這樣的意願。因此，他們試圖創造一種場景，限制消費機會，減少誘惑。

雪弗林和史泰曼的第二種解釋是以預期理論以及投資者對虧損的厭惡為基礎。預期理論認為，人們對收益和虧損的價值評價是不同的。因此，他們傾向於根據感知到的收益而非虧損來做出決策。如果某人有兩種選擇，其中一種以可能的收益來表達，另一種以可能的虧損來表達，那麼他更可能選擇前者。對虧損的厭惡意指，投資者更傾向避免虧損，而不是獲得收益。大部分研究說明了從心理影響來看，虧損帶來的效應是收

益的兩倍。由於獲得股息並不需要出售股票，因此相對於要求賣出股票的總回報方法，這種方法更受歡迎。此外，賣出股票可能意味著出現虧損，對許多人來說這會非常痛苦（他們表現出了厭惡虧損的傾向）。他們沒有意識到的是，無論市場上漲還是下跌，無論股票是以虧損還是獲利價格出售，現金股息完全等價於出售同樣多的股票，差別僅僅在於如何看待這個問題。這更多的是形式差異，並沒有實質不同。無論你接受現金股息，還是出售等量的股票，最終你對該股票的投資額都會相同。如果接受現金股息，那麼你會持有更多股份，但股票價格下跌（跌幅與股息額相同）。如果接受自製股息，那麼你持有的股份數量下降，但股價更高（因為沒有發放股息）。無論在哪種情況下，你對該股票的剩餘投資總額都是相同的。以下案例提供了這個理論背後的數學機制。

現金股息和自製股息的數學分析

為了證明，現金股息和自製股息的等價性，我們將假設兩家完全相同的公司，除了公司A支付現金股息，公司B不支付股息。為了簡化分析，我們假設公司A和公司B的股價都為帳面價值（儘管股票的情況通常並非如此，但最終結果是同樣的）。

這兩家公司的最初帳面價值為每股10美元，每股收益均為2美元。公司A支付每股1美元的股息，公司B不支付股息。公司A的一名投資者持有1萬股股份，並接受了1萬美元的股息，以滿足資金需求。在第一年年末，公司A的帳面價值為每股11美元（最初價值10美元+2美元利潤-1美元股息）。這名投資者配置於股票的資產價值為11萬美元（11美元×1萬股），現金價值為1萬美元，總額為12萬美元。

我們現在來看看公司B的情況。由於公司B的帳面價值到第一年年末為每股12美元（最初價值10美元+2美元利潤），這名投資者配置於股票的資產價值為12萬美元，現金為0。他必須出手1萬美元股份，以滿足資金需求。因此，他出售了833股股份，獲得了9,996美元。在售股之後，他目前只持有9167股的股份。然而，這些股份的價值為12美元，因此他配置於股票的資產為110,004美元，現金為9,996美元。這與公司A投資者的情況完全一致。

另外一種計算方法也可以證明這兩種股息完全相同，即只考慮公司A的投資者。這名投資者沒有將現金股息用於消費，而是用於再投資。由於股價目前為11美元，因此他的1萬美元股息可以購買909.09股股份。因此，他目前持有10,909.09股的股份。由於股價為11美元，因此配置於股票的資產總額與公司B的投資者相同，也就是12萬美元。

不過需要注意的是，由於保留了所有利潤，因此公司B未

來可能獲得更高的預期增長率。原因在於該公司有更多資本可供投資。假設市場對股票正確估價,那麼額外保留的資本將帶來更高的利潤,足以彌補持有股票數量的減少。

回到雪弗林和史泰曼的論文,他們引用了1982年的一份股票經紀人手冊指出:「透過買入高股息股票,以預期收入為基礎,大部分投資者會說服自己相信,他們是謹慎的。他們感覺到,股價上漲潛力是額外的利多。如果股票價格跌破買入水準,那麼他們會安慰自己,股息也能帶來回報。」作者指出,如果賣出股票獲得了收益,那麼投資者會將這樣的收益認為是「額外利多」。而如果出現虧損,那麼投資者會認為,股息「可以帶來安慰」。在心理學上,虧損對投資者的影響更大,因此投資者希望避免虧損。這預示了他們更傾向獲得現金股息,進而避免虧損的出現。

雪弗林和史泰曼還提供了第三種解釋:避免遺憾。他們認為,可以思考以下兩種場景:

1. 你收到了600美元現金股息,並用這筆錢購買了一台電視機。
2. 你出售了600美元股份,並用這筆錢購買了一台電視機。

在購買電視機後,股票價格出現大幅上漲。請問,哪種場景會令你更遺憾?由於現金股息和自製股息可以相互替代,因此投資者對於第二種場景的遺憾程度不應大於第一種。然而,

行為金融學的研究表明，許多人認為出售股份帶來的遺憾更強烈。因此，對遺憾感到厭惡的投資者會更傾向現金股息。雪弗林和史泰曼隨後解釋稱，相較於沒有操作，選擇操作的投資者會出現更強烈的遺憾情緒。在出售股份獲得自製股息的過程中，投資者必須做出決策，以獲取現金。如果消費的資金來自股息，那麼投資者不必做任何操作，因此也不會有強烈的遺憾情緒。這再次說明了為何投資者偏好現金股息。

作者也指出，在投資者的生命週期中，對現金股息的偏好可能會發生改變。正如此之提到的，自我控制的行為機制可以解釋為何投資者希望只將投資組合產生的現金流用於消費，並且永遠不違反這個原則。年輕投資者的收入大多來自勞動力資本，他們可能偏好低股息率的投資組合，因為高股息率策略不利於鼓勵儲蓄。另一方面，已退休投資者沒有任何勞動收入，他們可能基於同樣的原因更偏好高股息率策略，這樣的策略是鼓勵消費（利用資本去消費）。針對證券公司帳戶的一項研究顯示，對股息的偏好與投資者年齡表現出明顯的正相關關係。總而言之，對現金股息的偏好是一種異常，無法以投資者的「理性」決策用傳統經濟學理論做出解釋。然而，面臨自我控制難題（例如存在著衝動購物缺陷）的投資者可能會發現，即使涉及額外成本，但因為可以避免行為問題，因此現金股息策略對他們來說是理性的。

現實世界的阻力

　　不幸的是，我們並非生活在沒有阻力的世界中。只要阻力存在，我們就會更偏好資本收益而非股息，或是相反。例如，如果相對於長期資本收益，股息所得稅稅率更高，那麼應稅投資者就會更偏好資本收益（對於無資質的股息支付者，例如房地產投資信託（REIT）和商業開發公司（BDC）來說，過往和目前的情況都是如此）。然而，即使是在目前的納稅體系下，應稅投資者也會更偏好資本收益。在獲得自製股息的過程中，投資者應該只出售能獲得長期資本收益的股份，稅率僅適用於收益部分，而不是賣出總價。如果獲得現金股息，那麼股息總額都是應稅的。此外，投資者可以選擇成本基數最高的部分來出售，進而將納稅額最小化。如果以虧損價出售股份，投資者還可以獲得減稅待遇。即使對有利稅率帳戶，在全球範圍內分散投資（一種謹慎的策略）的投資者也會更偏好資本收益。因為這類型的帳戶與股息相關的國外稅收抵免沒有任何價值。最後，如果股息帶來的資金超過投資者的消費需求，那麼總回報方法不僅可以避免過多的股息納稅，產生時間價值潛能避免股息發放導致投資者面臨更高的納稅級距。

　　交易成本或許是投資者偏好股息的另一方面原因。假設所有資產都在有利稅率帳戶中，而且都是國內資產。在這樣的情

況下，納稅不會帶來任何阻力。如果獲得自製股息產生了交易費用，而這種費用原本可以透過現金流方法來規避（股息帶來了現金流），那麼就會導致對現金股息的偏好。在目前環境下，由於佣金率非常低，許多共同基金的交易成本接近於0，因此這可能已經不再是個問題。

在下結論之前，我們還可以看看最近幾篇論文關於這方面問題的討論。對研究股息策略的投資者來說，這可能會帶來有用的啟發。首先是2014年的學術論文《提高收益率策略的投資業績》（Enhancing the Investment Performance of Yield-Based Strategies），論文裡的資料來自1972年至2011年。作者衛斯理・格雷（Wesley Gray）和傑克・沃格爾（Jack Vogel）發現，透過擴大股息收益的定義，加入其他3種指標，股息收益帶來的解釋能力將會有明顯提升。這3種其他指標分別為：

■ PAY1：股息加股票回購
■ PAY2：股息加淨股票回購（股票回購減去淨股票發行）
■ SHYD：股東收益率，將淨負債的部分償還納入收益率計算中（淨債務部分償還收益的衡量方式是企業淨債務每年的變化相對於總市值的比例）。

以下是格雷和沃格爾研究結果的重點：
■ 在PAY2收益率（即股息加淨股票回購）中加入淨債務部分償還將有助於優化投資業績。

■沒有任何證據表明，高股息策略能系統性地帶來更好的表現。

■從1972年到2011年，SHYD指標最高的公司平均月回收為1.3%，具有統計學意義的三因子 α 為每月0.25%。這要好於簡單的股息收益率策略（DIV）。後一策略的月平均回報為1.2%，具有統計意義的 α 為每月0.17%。

■在過去40年的30年中，PAY1、PAY2和SHYD帶來的表現都比簡單股息收益率策略要好。

■在幾乎所有的子樣本期中，SHYD指標都能帶來最好的表現。

　　格雷和沃格爾還發現，股息收益率較低的公司表現要優於股息收益率較高的公司。他們認為，將淨負債部分償還加入股息收益率指標中可以明顯優化高收益率投資策略。這是在意料之中，因為將股票回購和負債水準變化與股息合併考慮可以帶來更有效的收益率資料，同時也符合直接感受。股票回購、負債降低或是支付股息都是將現金回饋給股東的有效方式。這也顯示出為何單純的股息無法成為一種因子。此外值得注意的是，投資者可以將這些指標視為品質或獲利能力指標。如果收益率高而股息較低，那麼企業的發展將會更具可持續性，這樣的企業甚至會增加股息。

　　需要指出，投資者在很長時間裡一直認為，股票回購是件

好事。然而，在1983年之前，監管層面的限制導致企業很難以激進方式去回購股票。在監管調整之後，古斯塔沃‧格魯隆（Gustavo Grullon）和羅尼‧麥克利（Roni Michaely）在2002年發表的學術論文《股息、股票回購及替代假設》（Dividends, Share Repurchases, and the Substitution Hypothesis）中指出：「股票回購不僅是美國企業回饋股東的重要方式，企業也在利用原本被用於提高股息的資金去進行股票回購。」他們的結論是：「企業正逐漸用股票回購來取代股息。」

支付股息的股票以及對利率風險的敏感程度

從傳統金融學理論來看，支付股息的股票對利率的敏感程度較低，因為相較於不支付股息的股票，它們的現金流持續時間較短。高增長公司傾向支付較低的股息，但這些公司未來的增長率較高。這導致它們的現金流分配傾向最遙遠的未來。和其相比，股息較高的公司通常現金留存率較低，而未來增長率也較低。這導致它們的現金流分配時間更短。因此出現一種定價模型預測，就是支付股息較少的股票現金流久期更長。由此我們可以預計，支付股息的股票，尤其是股息相對較高的股票，對於利率風險的敏感程度較低。然而，姜浩（Hao Jiang）和孫政（Zheng Sun）在2015年發表的學術論文《股票持久期：高股

息股票之謎》（Equity Duration: A Puzzle of High Dividend Stocks）
中發現，實際資料與傳統理論完全相反。這篇論文的資料來自
1963年至2014年。

他們發現「從對利率的敏感程度來看，投資組合的持久期
會隨收益率的上升單向遞增。在長期債券收益率上升時，高股
息股票通常會出現回報下降。而在利率上升時，低股息股票通
常回報上升。」在研究的樣本期中，當利率下降1％時，高股息
股票的回報效益通常會上升1.35％，而低股息股票的回報效益
通常會下降1.12％。兩種現象都具備統計學意義，信心水準為
1％。高股息股票和低股息股票的估計持久期差異為2.46％，具
備統計學意義。在使用股息支付率（股息除以帳面價值）指標來
替代股息額時，作者看到了同樣的結果。此外他們還發現，在
整個樣本資料期內，高股息股票帶來的持久期非常明顯，而在
接近樣本資料期接近尾聲時，這種效應表現得特別顯著。

姜浩和孫政發現，這樣的結果並非因為高股息股票存在於
較高的股票市場 β（對股票風險有更高曝險）。事實上，這樣的
股票市場 β 較低。他們還發現，「儘管股市和債市回報相關性的
波動非常劇烈，從很高的負數一直到很高的正數，但過去50年
中，高股息股票的持久期一直保持穩定。」

關於股息折扣模型和持久期，還有一個問題值得討論：現
金流的不確定性尚未被考慮在內。由於遠期現金支付對總現值
的影響較小，因此相對於無險證券，有風險證券對利息的變化

可能不太敏感，持久期也更短。相關學術論文有力地論述了現金流風險和股息之間的關係。研究發現，如果面臨較高的不確定性，企業通常不願發放較高的股息；如果利潤較低，那麼會降低未來的股息支付。這導致了股息和企業現金流風險之間的負相關關係。如果高股息股票想要降低現金流風險，那麼對利率變化的敏感程度就會變高。投資者有種觀念，即支付股息的股票是相對安全的投資，這降低了現金流折扣率，提高了持久期，導致了對利率風險的敏感程度上升。這有助於解釋，為何實際資料與傳統理論相互矛盾。

關於姜浩和孫政的發現，還有另一種解釋：自2008年以來，投資者對來自股息發放的現金需求上升，驅動了這類股票估值的上漲，降低了對預期回收的折扣率（以及預期的未來回報），從而提高了持久期。

有趣的是，姜浩和孫政發現，一般來說，機構投資者偏好規避高股息股票。這與其他研究的結論一致，表明偏好高股息股票的主要是散戶投資者。實際上，他們還發現，在高利率環境下（長期利率排名前20％的季度），各類機構投資者，包括銀行、保險公司、共同基金、養老金基金、慈善基金和投資顧問，相對大盤都傾向減少持有高股息股票。另一方面，在低利率環境下（長期利率排名後20％的季度），機構投資者對高股息股票的厭惡情緒有所減退。相較於大盤，共同基金和保險公司偏好增加持有高股息股票。共同基金表現出的這種傾向性最明

顯。當利率較高時，共同基金相較於大盤會減少持有高股息股票，而當利率較低時它們又會增加持有這樣的股票。

作者發現，共同基金對高股息股票的偏好可能是因為收入型基金的行為驅動的。收入型基金會增加持有高股息股票，減少持有低股息股票。此外，收入型基金對高股息股票和低股息股票的配置取決於利率水準。當利率較低時，收入型基金表現出持有高股息股票的強烈偏好。當利率較高時，收入型基金則不願意增加持有高股息股票。

姜浩和孫政還發現，在利率較低的情況下，共同基金投資者會將不成比例的將更多資金投入到收入型基金。收入型基金相較於全市場基金的額外資金流與長期利率之間的時序相關性為-50％，並具有統計學意義，信心水準為1％。他們對流入收入型基金的資金進行了分析，發現「資金流不僅與基金淨回報相關，也與股息收益率有關，股息對基金資金流的影響是極度依賴利率水準。尤其是在利率較低時，客戶資金向收入型基金流動，使得這類基金有能力產生收入（股息），進而增強總回報的能力。競爭壓力很自然地導致收入型基金在低利率環境下嘗試獲得更多股息」。他們提出，投資者偏好的改變對於基金的股息策略有更重要的意義，因此利率上升可能會導致意料之外的負面後果。

還有一點需要討論的是，高股息策略是價值策略的另一種形式。考慮到這點，我們可以比較不同價值策略的回報效益，

看看高股息策略的效果有多好。從1952年至2015年，股息股價比溢價為2.4％，帳面價值股價比溢價為4.1％，現金流股價比溢價為4.7％，利潤市值比溢價為6.3％。股息股價比溢價不僅最低，其t統計量也是唯一未能達到統計意義水準。這一t統計量只有1.2，而其他 t統計量分別為2.4、2.9和3.4。因此，這種溢價不僅最低，在統計意義上與0的差別也不大。

總而言之，無論是金融理論還是研究證據都無法證明，投資者可以將股息做為建構投資組合的一種因子。考慮到這種策略的負面因素，例如導致投資者喪失分散投資優勢以及帶來納稅問題，除非你對雪弗林和史泰曼描述的心理滿足感有強烈需求，否則就沒有任何理由使用股息這種因子。

低波動性因子

　　資本資產定價模型（CAPM）是金融學家設計的第一種正式
資產定價模型，這種模型存在某些嚴重問題。例如，資本資產
定價模型預測，風險和回收之間存在正相關關係。然而，實證
研究顯示，這樣的關係為零，甚至是負數。過去50年，相較於
具進攻性（高波動率、高風險）的股票，最具防禦性低波動性、
低風險）的股票不僅帶來了更高回報效益，還帶來了風險調整後
的回報。此外至少以波動性來看，防禦性策略基於法馬—佛倫
奇三因子和四因子模型帶來了更高的 α。

　　學術界最初在1970年代初記錄了低波動性股票更好的表
現，發現者包括費雪‧布萊克（Fischer Black，1972年）等人。
當時，尚未發現規模和價值溢價。低波動性異常被發現存在於
全球各地的股票市場。有趣的是，這項發現不僅適用於股票，
也適用於債券。換句話說，這個現象是普遍存在的。

　　儘管我們的分析將專注於低波動性，但波動性與市場 β 之
間緊密相關（正如我們在第一章中對市場 β 的討論）。兩者的證
據非常相似。因此，我們對低 β 因子提供與低波動性因子相同
的建議。

　　大衛・布里茲（David Blitz）、艾瑞克・佛肯斯坦（Eric Falkenstein）和皮姆・凡韋列特（Pim van Vliet）於2014年發表學術論文《波動性效應的解釋：以資本資產定價模型的假設概要》（Explanations for the Volatility Effect: An Overview Based on the CAMP Assumption），回顧了學術界關於波動性效應的解釋。在論文開頭，他們指出，資本資產定價模型在實踐中的問題必定是因為模型的一個或多個基本假設不符合現實。儘管模型可以說明我們理解市場如何運轉以及市場如何決定價格，但從定義上來說模型存在缺陷，甚至錯誤。否則，這樣的模型就應該被稱為定律，正如物理學定律一樣。

　　資本資產定價模型的假設之一是槓桿或做空沒有任何限制。然而在現實世界中，許多投資者要麼因為各種限制而無法利用槓桿（根據它們的章程），所以對槓桿有厭惡情緒。做空的情況也是如此。某些很難借入的股票的借入成本非常高。這些限制導致套利者很難修正定價錯誤。資本資產模型的另一假設是市場上沒有任何阻力，既不存在交易成本，也不需要納稅。當然在現實世界裡，成本是存在的。證據顯示，定價錯誤最嚴重的股票通常是做空成本最高的股票。

　　因此，可以這樣解釋低波動性異常：面對限制和阻力，希望增加回報的投資者會使投資組合偏向高 β 股票，進而獲得更

高的股票風險溢價。對高 β 股票的高需求及對低 β 股票的低需求，或許可以解釋不同於資本資產定價模型所預測的、風險和預期回報之間為零（甚至為負）的相關關係。

監管層面的限制因素可能也是導致異常的原因。布里茲、佛肯斯坦和凡韋列特解釋道：「監管機構通常不會區別不同的股票類型，只考慮投資股票的資金總量，以確定所需的償付能力緩衝。具體案例包括巴塞爾協定 II 和巴塞爾協定 III 框架中的標準模型（設定固定資本費用為持股總額的23.2％）、償付能力監管標準 II（設定固定資本費用為持股總額的32％）以及荷蘭的養老金財務評估制度（規定固定資本緩衝為持股總額的25％）。在這樣的監管體系下，如果投資者希望最大化股票部位，同時最小化相關資本費用，那麼就會被股票市場的高波動性部分所吸引，因為這可以使每個資本費用單位的股票部位達到最大化。」

長期以來的學術研究指出，限制做空會導致股票價格高估。布里茲、佛肯斯坦和凡韋列特也解釋了為何高風險股票會被高估：「在做空很少或沒有做空的市場中，對特定股票的需求來自少數對該股票預期最樂觀的投資者。這稱為贏家詛咒。隨著風險的上升，意見分歧會逐漸增大，因此相對於低風險股票，高風險股票更可能被高估，因為持有者有很嚴重的偏見。」

以資本資產定價模型的其他假設包括投資者厭惡風險、希望絕對財富的預期效用最大化以及只關心回報方法與變異。然而我們知道，這些假設是站不住腳的。在現實世界中，對類似

樂透的投資，也就是回收表現出正偏態係數和超值峰度的投資，投資者也有一定的偏好，導致他們不理性地投資回報效益較差的高波動性股票（這類股票的股價分佈和樂透的收益非常類似）。他們為這樣的賭博式投資能支付溢價。「樂透型」股票包括首次公開招股的股票、尚未獲利的小市值成長型股票、低價股以及已破產的股票。套利限制，以及做空成本和對做空的畏懼導致理性投資者難以修正錯誤定價。

資本資產定價模型也假定，投資者會努力讓個人財富的預期效用最大化。然而研究顯示，投資者個人更關心的是相對財富。例如有研究顯示，「大部分人願意在其他人賺 9 萬美元的情況下賺 10 萬美元，而不是在其他人賺 20 萬美元的情況下賺 11 萬美元。人們更偏好較高的相對財富，而不是較低的絕對財富。」布里茲、佛肯斯坦和凡韋列特指出，以絕對回報為導向和以相對回報為導向的投資者同時存在，這導致證券市場曲線呈現平直（回報效益不會隨 β 的增長而單向增長，β 最高的股票出現的回收最低），而平直化程度取決於相對回報投資者和絕對回報投資者的佔比。我們注意到波動性造成的結果通常與 β 非常類似。資本資產定價模型還假設，股票經紀人會確保選擇價值最大化。然而在現實世界中，情況並非總是如此，因為現實世界投資者會存在各種偏見。例如，作者引用 2012 年納丁・貝克（Nardin Baker）和羅伯特・侯根（Robert Haugen）的學術論文中指出，「投資經理通常拿基本工資，並在業績夠好的情況下獲得

獎金。他們認為，這種薪酬體系與相對投資組合回報買入期權的行為類似，透過建構波動性更強的投資組合，期權價值出現上升。換句話說，職業投資人與其客戶之間存在利益衝突，前者有動機主動參與尋求風險的行為，而後者則正如資本資產定價模型假設的一樣更厭惡風險。」

布里茲、佛肯斯坦和凡韋列特指出，關於選擇權的解釋還可以更進一步，就是「認為頂尖投資經理獲得的回報是遠遠大於第二等級投資經理。例如，頂尖投資經理可以獲得外面投資者不成比例的關注度，比如登上《彭博市場》雜誌封面。為了成為頂級投資經理，他們必須取得極高的回報效益。這可以向未來的潛在投資者和雇主證明自己的能力超群。因為對於比平均水準稍好的業績而言，人們很難分辨這是由於投資技巧還是運氣。如果投資經理希望在短時間內實現極高的回報效益，那麼就需要操作高短期回報的高風險股票，而這類股票的長期預期回報效益較低」。

資本資產定價模型還假設，投資者充分掌握資訊，並且理性處理所掌握的資訊。然而，我們也知道現實並非如此。研究顯示，共同基金和散戶投資者都傾向持有更受媒體關注的公司股票。換句話說，他們偏好買入吸睛的股票（這類股票會出現較高的異常交易量）以及近期回報極高的股票。由吸睛度驅使的買入行為或許是因為投資者很難從數千支可購買的股票中選出目標，因此只能選擇更受關注的目標。這樣的買入會暫時推高股

票價格，但導致長期回報較差。能吸引關注的股票通常是高波動性股票，低波動性股票通常會被投資者忽視。因此，這種現象也提供了關於波動性效應的另一種解釋。

研究還顯示包括主動管理型基金經理在內的投資者會過度自信。因此，我們看到了資本資產定價模型的另一項假設，也就是理性資訊處理假設被打破。對波動性效應的影響在於，如果主動管理型基金經理能力很強，那麼活躍於股市的高波動性板塊是合理的，因為這個板塊能確保個人能力產生最大回報。然而，這也導致了對高波動性股票的額外需求。

學術研究提供了多種可能的解釋。很明顯，許多解釋不是要著眼於市場中的限制，就是要著眼於機構帶來的問題，導致基金經理偏好高波動性股票。由於沒有任何機制能抑制這些問題，因此異常很可能會持續。人性很難改變，沒有任何理由認為投資者會放棄對「樂透型」投資的偏好。套利限制、做空成本以及對做空的擔憂，這些因素導致套利者很難修正錯誤定價。

證據

在2016年的學術論文《理解防禦型股票》（Understanding Defensive Equity）中，羅伯特・諾維-馬克斯研究了從 1968 年到 2015年的資料。他發現將股票按照波動性或市場 β 分成5類，

排名最前面的一類股價明顯表現較差，而其他4類的表現非常類似或是與大盤相仿。實際上，波動性排名第二（第四）的一類回收最高，之後分別是第三、第二和第一類。這種非線性關係與我們之前推薦過的所有因子都不相同，其他因子的回報效益會按照排序呈線性變化。由於這裡的分類依據是波動性或 β，因此風險調整後的指標，例如夏普比率和資本資產定價模型的 α 將會更單調。

　　諾維—馬克斯發現，高波動性和高市場 β 股票更可能來自小市值、未獲利、成長型的公司。這可以解釋為何大部分激進風格股票的絕對表現較差。這些股票通常被稱為「開獎型股票」或「樂透型股票」。這些高風險（小市值、未獲利、成長型）股票的表現較差，但是占總市值的比例非常小，這就導致了防禦型股票的異常表現。諾維—馬克斯還發現，股票的獲利能力與波動性表現出非常明顯的負相關關係，而獲利能力也是預測低波動性最有用的工具。

　　諾維—馬克斯發現，透過加入獲利能力因子，防禦性策略（低波動性策略）的表現可以通過控制常見因子，例如規模、獲利能力和相對價值因子，得到很好的解釋。他還發現，防禦性策略會明顯傾向於大市值股票（在樣本的兩端，低波動性股票的市值是高波動性股票的30倍，多空投資組合的規模因子曝險為-1.12）、價值型股票（多空投資組合的價值因子曝險為0.42）及獲利的股票。對獲利能力的偏向掩蓋了防禦性策略對價值的

偏向。由於價值和獲利能力通常存在非常明顯的負相關關係，因此除非對獲利能力進行控制，否則防禦性策略的價值因子曝險會降低。諾維—馬克斯還發現，法馬—佛倫奇三因子 α 的 5/6（每月 68 個基點中的 57 個）來自策略做空一端的激進風格股票，只有 1/6（約每月 12 個基點）來自防禦性股票。他還發現，低 β 策略也表現出類似的結果。

　　諾維—馬克斯的成果證明，小市值成長型股票回報較差，這種異常來自帳面價值通常為負數的未獲利股票。小市值股票防禦性策略的成功是規避這些高風險股票的結果。其他因子的收益率基本平均來自做多和做空兩端，而低波動性（以及低 β）策略的大部分回報來自做空一端，而不是因為低波動性策略本身。換句話說，在考慮規模、相對價值和獲利能力之後，防禦性策略的表現已經可以得到很好的解釋。

　　諾維—馬克斯舉例說明了這個問題。如果在 1968 年初，對小市值成長型股票（平均來看，這類股票數量占總數的 37.7％，但市值僅占 5.3％）防禦性策略投資 1 美元，那麼到 2015 年底，在不考慮交易成本的情況下將增長至 431 美元。如果對小市值價值型股票或大市值成長型股票的防禦性策略投資一樣的資金，那麼最終分別只會增長至 2.79 美元和 1.23 美元。如果投資大市值價值型股票的防禦性策略，那麼到 2015 年底將只會剩下 0.27 美元，虧損達到 73％。對比美國國債，1 美元投資美國國債將增長至 10.30 美元。

諾維—馬克斯的結論是：「儘管再次確認大部分激進風格股票的絕對表現較差，但這也顯示出防禦性策略的表現可以用回報橫斷面差異的已知因素來解釋。」此外他還指出：「防禦性策略是利用額外紅利的有效方式，明我們能更有效地直接獲得這些紅利。防禦性策略給未獲利、小市值成長型股票帶來的走後門路線，從交易流程上來看是低效的，會涉及嚴重的再平衡和較高的交易成本。」

更進一步的證據

　　其他人的研究也發現，在配置低波動性策略時存在問題。例如，李席（Xi Li）、羅尼・蘇利文（Rodney N. Sullivan）和路易斯・加西亞—費喬（Luis Garcia-Feijoo）於2014年發表了學術論文《套利限制和低波動性異常》（The Limits to Arbitrage and the Low Volatility Anomaly）。他們發現，做多低波動性且同時做空高波動性投資組合帶來額外回報只會在投資組合創立的首月出現，而這些額外回報會被低流動性股票（例如低價/高波動性的股票）帶來的高交易成本抵銷。他們還發現，如果忽略低價股，也就是價格低於5美元的股票，那麼價值加權投資組合的異常回報將大量消失。這樣的異常回收在平均加權投資組合中完全不存在。實際上，波動性最高1/5股票的平均價格僅略高於7美

元。這顯示出這類股票大部分都是「低價股」。最後他們發現，自1990年以來，低風險效應明顯變弱。當時美國通過了打擊低價股交易欺詐的新監管規定。（需要指出的一點是，許多高 β 股票在「.com泡沫」破滅後不復存在。從那時起，美國股市的股票數量大幅下降。）作者認為：「我們的發現令人懷疑低風險交易策略是否能帶來實際的獲利。」

布萊德福德‧喬丹（Bradford Jordan）和提摩西‧萊利（Timothy Riley）2016年發表學術論文《波動性異常的做多和做空》（The Long and Short of Vol Anomaly）。論文的資料來自1991年7月至2012年12月。這項研究的動機是，之前的研究顯示對於高波動性股票和做空意願高的股票，風險調整後的未來表現都相對較差。（傳統觀念認為，做空意願強烈是一種看多信號，因為這預告未來會出現來自拋空回補的買入。然而現實情況是，做空意願較高的股票平均表現較差。）然而到目前為止，沒有任何人將這兩者合併研究。

作者發現，儘管平均來看，前期波動性較高的股票表現不如前期波動性較低的股票，但在這些股票中，做空意願低的股票表現出額外較高的回報效益，做空意願高的股票表現出額外較低的回報效益。總而言之，高波動性本身並不能預測出未來較差的回報效益。他們甚至發現，從1991年7月到2012年12月，波動性高、做空意願低的股票優於CRSP價值加權指數，幅度為每年7％，四因子 α 為每年11％。相反，如果投資組合做

多波動性高、做空意願高的股票，那麼四因子 α 為每年-9％。

另一項重要發現是，在市場動盪期間，例如「.com泡沫」破裂和全球金融危機期間，波動性高、做空意願低的股票能優於市場。在「.com泡沫」期間，平均加權的高波動性、低做空意願投資組合年複合回報要比CRSP價值加權指數高出3.5％。在金融危機期間，這一差別達到10.8％。

重要的是，喬丹和萊利的發現對於單純做多策略很有意義，因為買入高波動性、低做空意願的股票可以規避做空策略的高昂成本，避開套利限制。儘管他們發現，高波動性、低做空意願股票的流動性要比平均水準差（因此，股票操作成本可能會導致回報無法完全實現），但高流動性和低流動性股票之間的表現並沒有明顯差異。做空意願低的股票通常是市值較高的股票，交易量大。高波動性、高做空意願股票的平均規模為5.56億美元，而高波動性、低做空意願股票的平均規模約為20億美元。因此，單純做多的投資者可以過濾掉低流動性股票，或是採取耐心的交易策略，確保交易成本達到最小。

作者得出的結論是，「高波動性並不一定是壞事。」他們的解釋是，「1. 估值困難、波動性高的股票會同時表現出正向和負向的估值錯誤；2. 做空者習慣辨識並利用這些錯誤的估值。」

值得提的一點是，在配置結構化投資組合策略的過程中，DFA和其他公司對做空意願資訊的利用已有很長時間。在股票出借市場上，如果某支個股出現了「特別」的表現（意味著借入

率非常高），它們就會把該股票從買入清單上暫時移出最多15天。它們早已發現，較高的借入成本，尤其是小市值股票的較高借入成本，預告了短期回報會變差。不過需要注意，這並不意味著做空該股票能帶來收益，因為股票借入成本可能會非常高，導致在計算所有成本之後，投資者無法獲得任何 α。但是透過避免買入更多這樣的股票，投資組合的業績就不太容易受到嚴重的不利影響。

我們還要討論另一個問題：對期限因子有曝險的低波動性策略。

期限風險

低波動性策略存在對期限風險也就是持久期因子的曝險，這並不奇怪。一般來說，低波動性/低 β 股票更類似於債券。這些通常包括大市值股票、獲利而且支付股息的股票，以及有著不錯增長機會的股票。換句話說，這些股票表現出安全屬性，而不是風險和機會屬性。因此，它們的表現與長期債券回報相關性較高。羅尼‧夏（Ronnie Shah）於2011年發表學術論文《理解低波動性策略：最小變異》（Understanding Low Volatility Strategies: Minimum Variance）。論文發現，從1973年到2010年6月，低 β 策略存在期限風險曝露，「負載因子」（就是曝險的程度）是具備

統計學意義的0.09（t統計量為2.6）。此外，周澤曼（Tzee-man Chow）、傑森‧許（Jason C. Hsu）、寇立蘭（Li-lan Kuo）和李飛飛（Feifei Li）於2014年發表學術論文《低波動性投資組合建構方法的研究》（A Study of Low-Volatility Portfolio Construction Methods）。論文中發現，對賭 β（BAB）因子和持久期因子之間的相關性為0.2。利用從1929年開始的美國市場資料，以及從1988年開始的全球市場數據，大衛‧布里茲、巴特‧凡德格里恩特（Bart van der Grient）和皮姆‧凡韋列特在2014年的學術論文《低波動性策略的利率風險》（Interest Rate Risk in Low-Volatility Strategies）中得出了類似結論。他們還指出，低波動性策略中的債券曝險無法完全解釋長期價值的增加。考慮到對期限風險的正曝險，自1982年開始的債券週期性牛市讓低波動性股票受益。目前因為利率處於歷史低位，因此這樣的牛市已無法再重現。

對低 β 的支持

上文提到的，安德列‧弗拉奇尼和拉塞‧佩德森2014年發表的論文《與 β 對賭》（Betting Against Beta）提供了對低 β 策略的強有力支援。他們發現，從1926年到2012年3月的美國市場股票，對賭 β（BAB）因子（持有低 β 資產，做空高 β 資產）

的夏普比率為0.78，比同期價值效應的夏普比率高約一倍，比動力效應高40％。他們還發現，在考慮對市場 β、價值、規模、動力和流動性因子的既有曝險之後，對賭 β 因子能帶來顯著的風險調整後收益。實際上，從1926年至2012年，對於4個20年週期中的每一個週期，對賭 β 因子的回收很明顯都是正的。此外，他們對19個國際股市的分析也顯示出類似結果。作者進一步發現，對於不同國家市場、不同時間、不同規模、不同的特異風險，對賭 β 帶來的回報都表現穩定，且對多種定義表現出持續的穩健性。這樣的結果不太可能用巧合或資料探勘來解釋。

做為進一步的證據，弗拉奇尼和佩德森發現，在他們研究的每種資產類別中（股票、美國國債、信用市場以及貨幣和大宗商品期貨市場），隨著 β 的上升，α 和夏普比率幾乎總是單調下降。他們的結論是：「這個發現提供了廣泛的證據，就是證券市場線的相對平直並不是美國股市的孤立現象，而是普遍存在的全球現象。因此，這種對回報的要求可能是由普遍的經濟因素引起的。」

國際股市也提供了關於低波動性策略的證據。在2007年的學術論文《波動性效應：不會造成低收的低風險》（The Volatility Effect：Lower Risk without Lower Return）中，大衛·布里茲和皮姆·凡韋列特發現，低波動性策略適用在全球已開發市場的大市值股票。從1986年至2006年，波動性最低和最高股票之間

的年回報差達到 5.9%。風險最低的 1/10 股票夏普比率為 0.72，而市場平均水準為 0.40，波動性最高的 1/10 股票為 0.05。這樣的結果同樣出現在美國、歐洲和日本市場。在 2013 年的論文《新興市場的波動性效應》（The Volatility Effect in Emerging Markets）中，大衛・布里茲、龐娟和皮姆・凡韋列特將這些結果拓展至新興市場。利用 30 個新興市場國家從 1988 年至 2010 年的資料，他們發現，年回收差為 2.1%。有趣的是，回報效益隨著波動性的提升而增加，但波動性最高的 1/5 股票回報卻最低。

以上證據有力地說明了低 β 因子的普遍性、持續性和穩健性。正如我們之前所討論的，套利限制和其他限制可以直接解釋為何這種溢價能持續存在。因此，或許低 β 因子也符合我們的全部標準。即便如此，我們仍然要對這種投資策略做出警示，至少是在將這種策略用於股票投資的情況下。

低波動性策略是否已被過度利用？

與許多被廣泛認知的異常和因子類似，低波動性因子也可能被過度利用。關於低波動性溢價研究論文的發表，以及 2008 年金融危機造成的熊市，導致低波動性策略更受關注。例如截至 2016 年 4 月，5 支這樣的 ETF 基金管理資產總額（AUM）至少達到 20 億美元。

- PowerShares景順標準普爾500低波動性投資組合（SPLV）：68億美元
- iShares安碩MSCI最小波動性美國ETF基金（USMV）：124億美元
- iShares安碩MSCI最小波動性新興市場ETF基金（EEMV）：34億美元
- iShares安碩MSCI最小波動性全球ETF基金（ACEV）：28億美元
- iShares安碩MSCI最小波動性歐洲澳洲遠東ETF基金（EFAV）：67億美元

現金流入導致了防禦型（低波動性/低 β）股票估值的上升，嚴重降低了它們對價值溢價的曝險，從原本的較高曝險降低至0甚至負數，拉低了預期回報效益。特別的是，隨著低波動性股票被炒作，低波動性投資組合可能會失去價值屬性，導致前瞻回報降低。

我們特別關注最大的兩支低波動性ETF基金的估值指標，即安碩 MSCI最小波動性美國ETF基金（USMV）和景順標準普爾500低波動性投資組合（SPLV）。之後我們將它們的估值指標與大盤導向型基金：安碩羅素1000 ETF基金（IWB）以及安碩羅素1000價值ETF基金（IWD）進行對比。表D.1 為截至2016年4月底的晨星（Morningstar）資料。

表D.1　價值指標				
	USMV	SPLV	IWB	IWD
市盈率	21.2	19.9	18.3	16.5
市淨率	3.1	3.1	2.4	1.6
市現率	11.9	11.6	9.3	7.9

　　資料明確表明，對這些策略的需求正在改變它們的本質。以往相對於羅素1000指數，USMV和SPLV的估值指標都具有價值特徵。然而，這些指標目前看起來並不像是價值型基金。它們的市盈率、帳面市值比、市售率和市現率都要略高於IWD。實際上，它們的指標顯示，與類似大盤的IWB相比，這兩檔基金都更偏向「成長型」。換句話說，由於存在事前的價值溢價，低波動性預告的不再是高回報效益，而只是未來較低的波動性。

　　儘管投資者總是偏好以較低的估值買入股票，但我們不清楚的是，估值對於低波動性策略究竟有什麼樣的影響。2012年，皮姆・凡韋列特發表學術論文《當一般低波動性成本高漲時，加

強低波動性策略尤其有幫助》（Enhancing a Low Volatility Strategy is Particularly Helpful When Generic Low Volatility is Expensive），在一定程度上解釋了這個問題。利用1929年至2010年的資料，他發現儘管平均來看，低波動性策略對價值因子有曝險，但這樣的曝險會隨著時間變化。低波動性因子有62％的時間處於價值型範疇，有38％的時間處於成長型範疇。這種變化影響了低波動性策略的表現。當低波動性股票具備價值型曝險部位時，這些股票能領先市場，年平均回報率為9.5％，高於市場平均的7.5％。低波動性因數也表現出更低的波動性，年標準差為13.5％，低於市場平均的 16.5％。然而，當低波動性股票出現成長型曝險部位時，這些股票會低於市場，年平均回報為10.8％，低於市場平均的12.2％。這時，低波動性因子仍然表現出較低的年波動性，為15.3％，低於市場平均的20.3％。因此最終結論是，無論在何種情況下，低波動性股票都可以帶來更高的風險調整回報效益。總而言之，無論在什麼情況下，歷史較低的波動性都可以預告未來較低的波動性。然而，當低波動性策略對價值因子出現負曝險時（例如2016年年中的情況），也會出現低於市場平均水準的回報效益。

證據顯示，如果投資工具排除了高波動性（或高 β）、高風險股票，那麼就可以得到更好的回報。換句話說，你應該直接投資規模、價值和獲利能力因子，而不是採用間接方式（例如投資防禦性策略）。

最後需要指出的一點，低波動性異常更多是來自高波動性（或高 β）股票的較差表現，而不是低波動性（或低 β）股票的較好表現。因此，如果希望利用這種異常，你要麼避免高波動性／高 β 股票，去投資已排除這些股票的基金。

我們的結論是，似乎有證據顯示，低波動性是一種獨特的因子。這部分是由於套利的限制，部分是因為投資者對樂透型股票的偏好。從歷史上來看，低波動性表現出的特徵與期限、價值和獲利能力因子相關，因此溢價也與這些因子相關。但你應該保持警惕，由於利率處於歷史低位，因此期限因子不太可能帶來像以往一樣的回收效益。此外，近期對低波動性股票的強烈需求已導致這類股票失去了過去幾十年一直存在的價值曝險。

低波動性因子和其他因子之間的互動和關聯仍然是熱門的研究課題。我們還不清楚低波動性因子的最終情況會是如何，但相關資產的高估值及低利率水準足以令我們對這種策略感到擔憂。

違約因子

違約因子（DEF）的定義是，用長期投資級債券（20年期）的回報減去長期政府債券（同樣為20年期）的回報。從1927年至2015年，違約因子的年平均溢價只有0.3％。很明顯地，企業債券的違約風險要高於獲得美國政府背書的債券。因此，關於這種溢價的來源，業內並沒有爭議（這與我們討論過的其他因子不同）。

儘管對於溢價成因沒有爭議，但從歷史上來看，接受信用風險並不一定能帶來很好的回收效益：這樣的溢價只有每年0.3％。此外在這一期間，該溢價的t統計量只有0.61。這顯示了從統計學上來看，該溢價與0相差不大。在歷史上，債券市場共同基金接受投資級企業債風險換來的溢價（相對於美國政府、美國政府機構或政府資助的實體發行的債券）非常接近於0，甚至有可能是負數。典型的美國政府機構包括聯邦住房貸款銀行和田納西河谷管理局，典型的政府資助實體（GSE）則包括房利美（Fannie Mae）和房地美（Freddie Mac）。這也可以解釋，為什麼在債券市場，我們唯一推薦關注的因子是期限因子。需要說明的是，違約因子0.3％的微薄溢價還沒有考慮到交易企業債產生的高昂成本，以及企業債基金通常會收取的較高費率。美國政府債券市場是全球流動性最強的市場，因此交易成本最低。由

於美國政府有義務不給美國國內投資者造成信用風險，因此沒有必要對違約風險進行分散。但如果你投資企業債，那就需要分散違約風險。分散投資是持有共同基金最大的好處，因此你需要支付基金費用，並承擔交易成本。最終結果是溢價比紙上所呈現的要低。另一方面，透過直接向政府購買美國國債，投資者可以避免共同基金的費用。

此外還有一個問題也不利於違約因子。除非基金遵循401（k）計畫、其他類似的養老計畫或529計畫，否則投資者可以購買由聯邦存款保險公司承保的存款單，而這些存款單的收益率通常要高於美國國債和政府債券（不過存款單的到期時間通常被限制為10年）。在這樣的情況下，他們也可以避開信用風險。例如，到本書完稿的時候（2016年），5年期和10年期存款單的收益率大約比同樣期限美國國債的收益率高0.75%。這樣的溢價要遠高於違約溢價，而且投資者還不必承擔企業債基金引起的費用和交易成本。因此，共同基金帶來的唯一好處就只有便捷性。

儘管同樣期限的企業債收益率要高於政府債，但在歷史上，這樣的額外收益率會被一系列因素所抵消，包括信用損失、企業債基金通常高於政府債基金的費率（這是由於需要分析企業債發行方的信用風險）以及其他與企業債相關的問題（例如贖回期權）。贖回期權的存在使發行方有權收回（提前償還）債券。如果利率出現明顯下降，可以負擔收回舊債券、發行新債

券的費用，那麼企業債發行者就會這樣做。如果投資者持有高收益率債券，但卻被發行者提前贖回，那麼就不得不以較低的利率去購買新債券。美國國債在發行時很少出現贖回期權的情況。違約因子還有另一個問題：相對於我們推薦的其他因子，這種因子的持續性較差。表E.1顯示了從1927年至2015年的違約溢價。請注意，這一資料要遠低於期限因子（如表6.1所示）或是我們討論過的其他任何因子。

在這一期間，違約溢價的夏普比率只有0.06，遠低於我們所推薦因子的最低夏普比率（即0.24）。儘管在全球範圍內，資料歷史較短，但我們也掌握了全球信用溢價的證據，具體衡量方式是巴克萊全球聚合企業指數（Barclays Global Aggregate Corporate Index）和巴克萊全球國債指數（Barclays Global Treasury Index）年平均回報的差值。從2001年至2015年，年溢價為

表E.1　領先的機率（％）				
	1 年	3 年	5 年	10 年	20 年
違約	53	54	56	58	61

0.9％，低於我們所推薦的其他溢價。這裡的溢價同樣忽略了配置成本，同時也意味著放棄了低風險、高回報的美國聯邦存款保險公司承保的存款單（相對於政府債券）。考慮到所有這些問題，溢價基本可以被抵消。

除了可兌現的溢價很低之外，企業債的另一個問題是，違約風險與股票風險之間無法很好地對沖。在股票風險增加的同時，違約風險也更可能發生。

在2001年發表的學術論文《對企業債息差的解釋》（Explaining the Rate Spread on Corporate Bonds）中，艾德恩・艾爾頓（Edwin J. Elton）、馬丁・格魯伯（Martin J. Gruber）、迪派克・艾格拉爾（Deepak Agrawal）和克里斯多夫・曼恩（Christopher Mann）證明，信用差異的很大一部分來自與股票風險溢價相關的因素。這種解釋很直接：債券和股票都是對企業的投資，因此當企業業績不佳時都會出現風險。他們發現，預期虧損對企業債息差的影響不超過25％。對於10年期，評級為A的企業債，只有18％的息差可以用違約風險來解釋。他們還發現，法馬—佛倫奇三因子模型可以解釋最多85％無法用納稅和預期違約損失來解釋的息差。信用評級越低（到期時間越長），這種模型的解釋能力就越強。因此，高收益率債券的很大一部分的預期回報可以用與股票而非債券相關的風險溢價來解釋。這些風險是系統性的，無法通過投資策略來分散。

理論所支持的證據

高收益率債券中存在股票因素，使其成為一種混合型證券，這個觀點也獲得了理論支持。馬丁·佛里德森（Martin Fridson）在1994年發表的學術論文《高收益債券中是否存在股票因素？》（Do High-Yield Bonds Have an Equity Component?）中表示：「實際上，企業債結合了單純的利率工具和對債券發行者股票的做空部位。如果發行者資產下降，造成資產無法抵債，那麼就會引發拋售。換句話說，違約會導致股票持有者拋售權益給債券所有者，導致後者成為企業的所有者。對評級高的公司來說，拋售會造成虧損，因此股票持有者不太可能拋售。拋售對這類債券價格的影響可以忽略不計，因此債券對於利率波動更敏感。然而對於非投資級債券，違約會造成股票拋售，最終對債券價格產生實質影響。由於與股票相關的選擇對價格波動產生了更明顯的影響，因此相對於投資級債券，非投資級債券的價格追蹤政府債券（純利率工具）的緊密程度較差。」

隔離利率風險

艾特克里特·艾斯凡努特（Attakrit Asvanunt）和史考特·理查森（Scott Richardson）於2016年發表的學術論文《信用風險溢

價》（The Credit Risk Premium），透過有趣的新方式去看待信用溢價。他們的創新在於首次隔離了期限風險的影響。以往的大部分研究都會將信用溢價定義為長期企業債回報和長期政府債回報的差異。然而，這會造成問題，因為這兩種類型的債券對於利率波動敏感程度不同。相對於長期政府債，長期企業債的高收益率會導致較短的持久期。考慮到歷史期限溢價，以到期時間（而不是持久期）來做比較會導致信用溢價被低估。作者還提出，如果只關注最安全的債券發行者（投資級債券），那麼可能會低估信用溢價。

我們還需要加入作者沒有完全考慮的兩個問題。首先，大部分長期企業債都伴隨著贖回條款，這將會影響債券對利率的敏感程度。企業債的溢價部分是為了補償非對稱的贖回風險，因此與違約風險無關。考慮到這點，在樣本資料的後半部（1988年之後），作者使用了經過期權調整的持久期指標，將贖回考慮在內。第二個問題是，儘管美國政府債的利息不需要在州或地方層面納稅，但企業債利息是要課稅。投資者必須補償這種納稅差異，這會導致企業債出現納稅溢價，這也與違約風險無關。

以下是艾斯凡努特和理查森研究結果的重點：

■透過隔離利率敏感性，他們確認，「承擔違約風險將帶來溢價」。他們將這種溢價視為信用帶來的額外回報。

■從1936年至2014年，投資級企業債平均每年額外的信用回報約為 1.4％，夏普比率為 0.37。

艾思凡努特和理查森還發現，信用帶來的額外回報與股票帶來的額外回報存在著正相關關係，相關係數為0.3。換句話說，他們確認了之前的研究結果，也就是股票溢價（市場 β）占違約溢價的很大一部分。他們還發現信用風險溢價會隨時間和經濟增長情況而變化，並受尾部風險的影響。還需要強調的是，這種溢價沒有考慮存款單帶來的更高收益率，或是共同基金的費用和交易成本。如果我們假設，存款單可以帶來額外收益率，例如0.75％，而企業債基金存在交易成本和費用，那麼即使違約溢價有1.4％，也仍可能消失殆盡。

珍妮・白（Jennie Bai）、皮耶・科林—杜弗雷森（Pierre Collin-Dufresne）、羅伯特・葛斯汀（Robert Goldstein）和尚・赫爾維格（Jean Helwege）於2015年發表學術論文《信用事件風險溢價的變化》（On Bounding Credit-Event Risk Premia），也證明了違約溢價包含類似股票的風險。他們研究了歷史資料來確定企業債息差有多少是與信用事件風險有關，以及有多少是和蔓延事件風險有關。

他們研究的資料來自2001年至2010年。其中，對信用事件的定義為信用違約掉期（CDS）息差（或者企業債收益率差）在3天時間裡上升超過100個基點。他們還規定，企業在以下情況時進入前事件期：信用違約掉期息差不超過400個基點，或債券價格不低於80美元。作者選擇這些標準的原因在於，即使在事件發生前樣本中的所有債券都獲得了投資等級的評級，但某些時

候評級仍會落後於市場。換句話說，高息差的投資級債券可能在市場參與者看來不能算做投資級。他們包含了以信用違約掉期樣本的128起事件和以企業債資料的330起事件。

與之前的研究一樣，珍妮·白和同事們發現，信用事件風險只能解釋溢價的一小部分。溢價的很大一部分需要用蔓延風險來解釋。這意味著在股票投資組合表現較差時，信用市場也會表現較差。他們指出：「這裡的啟示在於，即使是對中等規模的公司來說，蔓延風險也有經濟重要性。」最終結論是：「由於只能通過信用事件風險而不是蔓延風險去解釋明顯的短期息差，我們的研究顯示短期息差的產生並非是因為信用事件風險，而是因為非信用因子，例如流動性和納稅效應。」

總而言之，如果不考慮蔓延風險，那麼在估計信用事件溢價時就會出現高估偏見，而這樣的偏見很可能變得很嚴重。對投資者來說，這項研究的啟示在於，除短期企業債之外，其他所有債券都包含類似股票的風險。信用評級越低，蔓延風險就越大。因此，如果投資者選擇將資產配置在高收益率債券或長期投資級債券，那麼就應該將這些債券視為混合型投資工具，因為這些債券同時具備美國國債和股票的特徵。

分散投資優勢？

有一種理論支援將資產配置在高收益率債券，因為高收益率債券與股票和美國國債之間的相關性相對較小，因此可以帶來分散投資的優勢。然而，對於這種低相關性，我們已經有符合邏輯的解釋，因此在投資組合中包含信用風險並不一定有利。

高收益率債券：對低相關性的解釋

高收益率債券與投資級債券（以及我們之前解釋過的股票）的相關性較低，這很好理解。正如我們的討論，低評級債券的高收益率導致了較短的持久期，因此與投資級債券相比，對利率的變化不太敏感。而因為評級低的債券常常會被發行者提前贖回（相較於投資級債券，這類債券的贖回保護相對較弱），因此這些債券的持久有效期還要更短。此外，它們的信用評級很可能會上升，這種潛在行為的差異可能會降低回收效益的相關性。與投資級債券相比，低評級債券對股價變化也更敏感（投資級債券在絕大多數情況下只會對利率變化做出反應）。當然，美國國債只會對利率變化有反應。

　　對美國投資者而言，美國國債有利的屬性之一是，持有者沒有必要去分散信用風險，因為不存在這樣的風險。所有風險都是利率（或期限）風險。不過，當你將焦點從美國國債轉移到投資級債券，再到垃圾債（評級較低，但收益率較高）時，那麼就需要承擔風險，而這樣的風險可以分散（這是屬於特定公司的非系統性風險）。在接受可分散風險時，投資者不會獲得更高的預期回收。隨著你關注的債券信用水準下降，分散投資的需求將會上升，因為信用評級越低，投資債券就和股票越接近。對於投資組合的建構來說，這個理論的意義在於，一旦關注點超過美國國債，那麼根據謹慎原則，你就需要分散信用風險。然而，這也意味著你需要投資共同基金，並承擔相應費用。但如果你將投資限制在美國國債或者由聯邦存款保險公司承保的存款單，那麼這樣的費用可以避免。因此，在考慮伴隨的額外成本之後，高收益率債券帶來的風險溢價將大幅下降。

　　儘管艾斯凡努特和理查森證明了違約溢價的存在，但對個人投資者來說，我們看不到什麼有說服力的理由能夠吸引我們在投資組合中加入高收益率企業債。不過需要指出的是，機構受到的某些限制可能會導致它們更偏好企業債。例如，某個養老金計畫可能存在著配置在股票的資產不得超過60％的條款。假定該基金已達到這個限制，為了提高收益率，該基金可能會

希望提高對股票風險的曝險。具體做法包括降低對政府債的曝險，增加對企業債的曝險。由於機構限制造成的這種「偏好」，或許可以解釋為何在實際操作中會存在較低的違約溢價。

股票和債券之間不斷變化的相關性

從長期來看，美國國債（無論是短期、中期還是長期）與股票的相關性實際上都是0。然而，這種相關性會隨時間發生一定的變化。納瑞許·班索爾（Naresh Bansal）、羅伯特·康納利（Robert Connolly）和克里斯·史戴維斯（Chris Stivers）於2015年發表學術論文《股票波動性是未來期限結構波動性的決定因素》（Equity Volatility as a Determinant of Future Term-Structure Volatility）。這篇論文有助於理解股市和債市兩者如何相互作用。他們發現，股票風險有助於理解期限結構的運動（除了關注孤立債券市場的方法）。在股市波動性明顯上升之後，股市和債市回報效益的相關性會更趨向於負。

論文作者發現，當股市出現更高的壓力／波動性時，股市和債市之間的關係會更強。這是由於在這種情況下，投資會紛紛進行避險買入。當投資者認為股市風險上升時，他們會轉向安全性更高的低風險政府債券。因此，股市和債市之間表現出隨著時間變化的關係是很自然的事。

班索爾和同事還發現，在股市表現糟糕的期間，美國國債是個不錯的分散投資工具。在股市波動性較高的情況下，這樣的分散投資優勢相對明顯。尤其是在股票回報效益趨於極端時，美國國債的平均回收會出現較高的相反值。

　　論文作者的結論是：「我們研究結果的跨期性顯示，除了關注孤立債券市場的方法之外，股票風險可以協助我們理解期限結構的運動。」

　　不過重要的是，作者發現的分散投資優勢僅適用於高品質債券。最典型案例發生在2008年，當時標準普爾500指數下跌了37.0％。先鋒中期國債基金投資者份額（VFITX）在當時的金融風暴中提供了庇護所，回報效益高達13.3％。另一方面，先鋒中期投資級基金投資者份額（VFICX）下跌了6.2％，高收益企業基金投資者份額（VWEHX）下跌了21.3％。當投資者對債券安全性的需求上升至頂點後，信用風險將會出現，進而放大股票投資組合的虧損，而不是減小虧損。

　　關於高收益率債券的負面特性，我們還沒有全部講完。與許多有風險資產類似，高收益率債券不具備常規的回報率分佈特徵。

非正常的回收分佈

　　上文提到過，行為金融學研究發現，一般而言，人們喜歡呈正偏態係數分布的資產。對於具備這種特點的資產，他們願意接受較低甚至負的預期回報。典型的例子就是樂透。樂透的預期回報為負數，但呈現出正偏態係數。正如我們所知，樂透中獎（正面結果）的人很少，大部分人都是輸家（負面結果）。然而，正面結果所帶來的收益要遠大於負面結果造成的成本。

　　另一方面，大部分人不喜歡負偏態係數資產。這解釋了為何一般人會針對低頻事件，例如殘疾或火災購買保險。儘管這些事件發生的可能性很低，但有可能造成嚴重損失。對投資者來說，問題在於高收益率債券呈現出負偏態係數。此外，高收益率債券還會帶來超值峰度（就是稱為「肥尾」的例外值，顯示相較於正常分佈，出現非常低或非常高回報的可能性更大）。

　　從 1984 年至 2015 年，巴克萊中期美國國債指數的月偏態係數為 0.1，月峰度為 3.4。相較於巴克萊美國國際信用指數的月偏態係數為 -0.8，月峰度為 7.6。巴克萊美國企業高收益指數的月偏態係數為 -0.9，月峰度為 11.3。可以看出，信用風險曝露部位越大，就越容易出現更高的負偏態係數和更大的超值峰度。高收益率債券極高的峰度暗示了降級、違約和破產的風險。如果將偏態係數和峰度結合在一起，很容易看到高收益率債券與股票有很多相似之處，因此對股票風險有曝露。然而你也可以看

到，它們無法給投資者帶來高額回報。在思考是否進行投資的過程中，唯一適當的方式是判斷增加高收益率債券的資產配置將如何影響整個投資組合的風險和回報。因此，我們現在來分析增加信用風險帶來的影響。

信用風險對投資組合的影響

我們接下來將比較4個投資組合，每個投資組合都有60%的資產配置於標準普爾500指數。資料涵蓋1984年到2015年之間的32年。投資組合A把固定收益資產配置在巴克萊中期美國國債指數。投資組合B把30%資產配置在巴克萊中期美國國債指數，將10%配置於巴克萊美國企業高收益指數。投資組合C把20%資產配置於巴克萊中期美國國債指數，將20%配置於巴克萊美國企業高收益指數。投資組合D把所有40%固定收益資產配置於巴克萊美國企業高收益指數。

在看結果之前，我們首先分析3種指數（下頁表E-2）的表現。

高收益指數儘管年化回收效益比政府中期指數高2.31%，但夏普比率只有政府中期指數大約一半。由於其標準差接近標準普爾指數，因此儘管年化回報效益只比標準普爾500指數低2.01%，但夏普比率要低24%。我們現在將分析這4個投資組合。

表 E.2　年化回報效益、標準差和夏普比率（1984-2015）			
	年化回報效益（％）	年標準差（％）	夏普比率
標準普爾 500 指數	10.85	17.08	0.50
巴克萊中期 美國國債指數	6.53	5.14	0.73
巴克萊企業 高收益指數	8.84	15.46	0.38

正如我們的預期，考慮到高收益指數的較高回報效益，投資組合 D 帶來了最高的年化回報。然而，隨著我們增加配置高收益指數的資產，更高波動性以及與標準普爾 500 指數之間更高的相關性導致更低的夏普比率。在這段時期，政府指數與標準普爾 500 指數的年相關係數接近於 0（0.01），但高收益指數與標準普爾 500 指數的年相關係數高達 0.58。

同樣有趣的是，如果將 80％ 的資產配置於標準普爾 500 指數，並將 20％ 的資產配置於巴克萊美國中期國債指數，那麼可以得到與投資組合 D 同樣的回報（10.27％），但標準差只有 13.71％（波動性大約低 9％），夏普比率為 0.54（高出 8％）。

表E.3 投資組合的回報效益（1984-2015）			
	年化回報（％）	年標準差（％）	夏普比率
投資組合 A	9.52	10.46	0.62
投資組合 B	9.74	11.42	0.59
投資組合 C	9.93	12.52	0.56
投資組合 D	10.24	15.00	0.50

　　最後還要再次強調，對於可以購買由聯邦存款保險公司承保存款單的散戶投資者，如果用同樣到期時間的存款單去取代政府債券，那麼會進一步突顯承擔違約風險是毫無價值的。

　　總而言之，從歷史上來看，如果希望優化投資組合在經過風險調整後的回報效益，那麼加入違約風險只是一個低效的手段。我們不建議去承擔這種風險。

附錄

時序動力

　　時序動力分析了資產相對於以往的價格變化趨勢。這與橫斷面動力不同，後者比較的是某種資產與其他資產的不同表現。實際上在本書中，時序動力是一種不適用於橫斷面分析的因子，這也是我們將其放入附錄的原因。伊恩・德索薩（Ian D'Souza）、沃拉法特・斯理查納柴裘克（Voraphat Srichana-chaichok）、王家國（George Jiaguo Wang）和姚亞瓊（Yaqiong (Chelsea) Yao）於2016年發表學術論文《近100年時間裡時序動量對股票回報率的持續效應》（The Enduring Effect of Time-Series Momentum on Stock Returns over Nearly 100 Years）。其中的證據顯示時序動力（也被稱做趨勢追蹤）是少數符合我們標準，可以被應用至投資組合的因子之一。他們的研究資料是來自1927年至2014年之間的88年。以下是他們研究結果的重點：

■設想一種價值加權策略，即做多過去12個月（跳過最近一個月）取得正收的股票，做空同期出現負收的股票。這種策略的月平均回報效益為0.55％，且具有統計學意義（t統計量為5.28）。此外無論市場上漲下跌，這種策略都有效。在市場下跌之後，月平均回報為0.57％（t統計量為2.09），在市場上漲之後月平均回報為0.54％（統計量為5.30）。此外，該因子在作者研究的4個子時期內表

現出持續性。1927年至1948年月平均回報為0.69%（t統計量為2.41），1949年至1970年月平均回報為0.47%（t統計量為3.60），1971年至1992年月平均回報為0.62%（t統計量為3.84），1994年至2014年月平均回報為0.42%（t統計量為1.91）。因此，這種因子符合持續性的標準。

■ 從1975年至2014年，在作者研究的所有13個國際股市中，時序動力帶來的風險調整後回報都為正。在其中10個國家，時序動力還表現出統計學意義，信心水準為95%。價值加權策略的最高回報來自丹麥，月回報為1.15%（t統計量為5.06）。因此，這符合普遍性的標準。

■ 對於16種不同的組合，無論具體是什麼形式、持有時間有多長，時序動力都可以帶來獲利。因此，時序動力符合穩健性標準。

■ 時序動力完全包含橫斷面動量，而橫斷面動力無法包含時序動力。此外，其他常見的因子，包括市場β、規模和價值，都無法解釋時序動力。因此，時序動力無法被其他因子所包括。

■ 與橫斷面動力不同，時序動力不會在1月份出現虧損（季節性效應）或崩盤（在市場反轉時，橫斷面動力會出現這種問題）。

■ 時序溢價至少在一定程度上可以用描述投資者反應不足的兩種知名理論來解釋，包括資訊逐漸擴散模型及「溫

水煮青蛙」假設。例如，如果時序動力來自逐漸擴散的資訊流，那麼小市值股票就會有更強烈的時序動力，因為小市值股票的資訊擴散更慢。實際上他們發現，小市值股票確實帶來了較高的動力利潤（每月0.78％，t統計量為5.52），而大市值股票則帶來了較低的動力利潤（每月0.47％，t統計量為4.33）。正如我們在第四章中討論，「溫水煮青蛙」假設認為，相較於一次性獲得大量資訊，投資者對於持續、少量獲得的資訊不太敏感。可以比喻成如果鍋裡水溫突然升高，那麼青蛙會立即跳出來，但如果水溫逐漸升高，那麼青蛙會反應不足，最終被煮熟。根據「溫水煮青蛙」假設，如果投資者對於持續、少量的資訊反應不足，那麼就會造成明顯的長期持續回報。作者發現，與資訊持續發佈的股票相比，資訊間斷發佈的股票動力利潤單調上升。因此證據顯示，時序動力可以解釋回報效益的差異。

德索薩、斯理查納柴裘克、王家國和姚亞瓊還分析了將時序動力和橫斷面動力相結合的策略。根據雙動力策略，他們買入最強贏家投資組合，賣出最弱輸家投資組合，因此這是一種市場中性策略。他們發現，雙動力策略的平均年化回報為22.4％。然而，這種策略表現出較高的波動性（每年37.5％）。這些資料具有統計學意義，且對於不同形式和持有時間表現一致。

利用多個來源的歷史資料，布萊恩・赫斯特（Brian Hurst）、黃耀華（Yao Hua Ooi）和拉塞・佩德森（Lasse H. Pedersen）於2014年發表學術論文《趨勢追蹤投資的一世紀證據》（A Century of Evidence on Trend-Following Investing），合併1個月、3個月和12個月時序動力策略建構的平均加權組合，從1880年至2013年12月這段時間，包含了67個市場以及4種主要資產類別（29種大宗商品、11種股票指數、15個債券市場以及12對貨幣）。

他們在研究中考慮到了策略配置成本，這是以4種資產類別交易成本的估計。他們進一步假設管理費為資產價值的2%，對沖基金的管理費用為利潤的20%。以下是他們的發現：

■ 在多個時間段內，策略的表現非常一致。這些時間段包括大蕭條、多次經濟衰退和擴張、多次戰爭、停滯性通貨膨脹、2008年全球金融危機以及利率上升和下降的多個時期。

■ 在整個樣本資料期間，年化毛回報為14.9%，淨回報（扣除費用之後）為11.2%，高於股票回報效益，但波動性只有一半（年標準差為9.7%）。

■ 在每個10年中，淨回報都是正的。最低淨回報為5.7%，出現在從1910年開始的10年中。此外，只在其中的5個

週期，淨回報為個位數比例。

■ 這與股票或債券幾乎都沒有相關性。因此，這種策略提
供了強勁的分散投資優勢，同時帶來了較高的夏普比率
0.77。即使未來回報不是很高，分散投資優勢也足以成
為利用這種策略進行資產配置的理由。

AQR的研究員觀察到，「大量研究顯示，價格趨勢的存在部
分是因為投資者的長期行為偏見，例如：錨定或群集（我們還要
在其中加上處置效應和確認偏見）以及央行和企業對沖項目等非
營利參與者的交易活動。例如，當央行進行政策干預，降低貨
幣和利率的波動性時，這實際上是在延緩資訊反應至價格的速
度，進而形成趨勢。」

AQR的研究員指出：「趨勢追蹤策略有良好的歷史表現。這
樣的事實顯示了行為偏見和非營利市場參與者很可能長時間存
在。」

他們指出，在股市出現極端漲跌幅的年份，例如近期2008
年全球金融危機時，趨勢追蹤策略表現得尤其出色。實際上，
在過去135年，傳統60/40投資組合遭遇最大10次跌幅期間，有
8次時序動力策略都帶來了正回報，並在某些情況下帶來了較高
的回報。

AQR的研究員還指出，即使採用2/20費用結構，也可以取
得這樣的結果。儘管目前還稱不上便宜，但某些基金的購買費

用正變得更低（這其中包括AQR的管理期貨策略I基金，即AQMIX，其費率為1.21％。這檔基金的R6版本，即AQMRX，費率更低，只有1.13％）。此外AQR還發現，在樣本期（1880年至1992年）的大部分時間內，實際交易成本都只有估計的1/6，而在最近的時間段（1993年至2002年），實際交易成本只有估計的一半左右。這些結果都顯示了時序動力也符合關於可投資性和可配置性的標準。

艾金迪諾斯─尼可拉斯・巴爾塔斯（Akindynos-Nikolaos Baltas）和羅伯特・科索斯基（Robert Kosowski）也提供了關於時序動力的證據。他們於2013年發表學術論文《期貨市場的動力策略和趨勢追蹤基金》（Momentum Strategies in Futures Markets and Trend-Following Funds）。他們研究了「期貨市場時序動力策略和商品交易顧問（CTA）的關係。商品交易顧問是一類特別的對沖基金，是少數在2008年金融危機中實現獲利的對沖基金類型，因此在金融危機結束後吸引了大量關注和資金流入」。作者指出，在幾年的資金流入之後，行業規模明顯擴大。到2011年，在2兆美元的對沖基金管理資產總額（AUM）中，商品交易顧問基金就超過3000億美元。他們的研究資料來自1974年12月至2012年1月，包含了多個資產類別的71種期貨合約，具體分別是26種商品、23種股票指數、7種貨幣以及15種中期和長期債券。以下是他們研究結果的重點：

■無論頻率取按月、按週、按日，時序動力均表現出很強的效應。

■由於不同的再平衡頻率的時序動力策略相關性很低，因此可以獲得很特別的回報模式。

■時序動力帶來的模式具有普遍性，在整個評估期中及所有子時期內都具有相當的穩健性。

■不同策略都實現了高於1.20的年化夏普比率，並在市場上漲下跌時表現良好。這意味著在股市低迷期間，這些策略是不錯的分散投資工具。

■由於商品期貨的動力策略與其他期貨策略的相關性較低，因此，儘管這種策略的回報效益相對較低，但可以帶來額外的分散投資優勢。

　　重要的是，作者發現時序動力的獲利能力並不僅限於流動性低的合約。實際上，時序動力策略通常會透過交易所交易期貨合約和遠期合約來配置。與現金股票和債券市場相比，這樣的合約被認為流動性較好，交易成本較低。他們發現「從1986年至2011年，對於大部分資產，策略建購所需的合約數量沒有超過商品期貨交易委員會（CFTC）報告的同時期未平倉合約數量。」他們還發現，「在這種假設情況下，投資於期貨合約的名義金額只占全球市場外衍生金融工具市場的一小部分（截至2011年底，在商品市場為 2.3％，在貨幣市場為0.2％，在股票

市場為2.9%，在利率市場為0.9%）。」因此他們總結：「基於回歸分析，以及假設的未平倉合約溢出場景，我們沒有發現具有統計學或經濟學意義的重要證據能夠呈現出時序動力策略存在容量限制。」

然而，在2008年的強勁表現之後，趨勢追蹤的商品交易顧問基金整體表現相對疲軟。例如，從2009年1月到2013年6月，SG商品交易顧問趨勢子指數基金（即之前的Newedge趨勢指數基金）年化回收為-0.8%，而之前5年為8.0%。這發生在美國股市緩慢復甦，歐元區危機延長期間。相對較差的業績，加之在業績強勁之後大量的資金流入，導致投資者開始質疑趨勢追蹤策略是否已被過度使用及未來是否還繼續有效。

馬克・哈欽森（Mark C. Hutchinson）和約翰・歐布萊恩（John O'Brien）於2014年發表學術論文《這次是否會不同？趨勢追蹤和金融危機》（Is This Time Different? Trend Following and Financial Crises），也對時序動力進行了研究。利用有關趨勢追蹤的近一世紀的資料，他們調查了在美國次貸危機和歐元區危機之後的策略表現發生了什麼變化，以及這是否是金融危機之後的典型現象。

作者表示：「列出全球和地區性金融危機並非易事。」因此，他們使用了兩本書籍提供的危機列表。關於金融危機的研究，這兩本著作被引用的次數最多。這兩本書名分別為《狂熱、恐慌和崩盤：金融危機史》（Manias, Panics, and Crashes: A

History of Financial Crises)（最初發表於1978年）和《這次不一樣：金融荒誕的8個世紀》（This Time Is Different: Eight Centuries of Financial Folly）（最初發表於2009 年）。被研究的6次全球危機分別為：1929年大蕭條、1973年石油危機、1981 年第三世界債務危機、1987年10月美國股市崩盤、2000年「.com泡沫」的破滅以及從2007年開始的次貸和歐元危機。被研究的地區性危機（括弧中為發生年份）分別為：西班牙（1977年）、挪威（1987年）、北歐（1989年）、日本（1990年）、亞洲（1997年）、哥倫比亞（1997年）和阿根廷（2000 年）。每次危機的開始時間為危機前股市高點的後一個月。由於上述兩項研究都沒有提到每次危機的持續時間和結束日期，因此作者採用了兩個固定的時間週期：在股市達到高點之後的24個月和48個月。

哈欽森和歐布萊恩的分析資料集包含21種商品、13種政府債券、21種股票指數以及9對貨幣（基於不同匯率關係），資料時間為1921 年1 月至2013年6 月。他們的結果中考慮了估計的交易成本以及典型的對沖基金費率，即資產的2％和利潤的20％。以下是他們研究結果的重點：

- 從長期來看，時序動力極為成功。從1925年至2013年，全球投資組合的平均淨回報為12.1％，波動性為11％。夏普比率則達到驚人的1.1（這個發現與其他研究一致）。
- 在危機發生期間，期貨市場回報的可預測性被打破。
- 在非危機期間，市場回收表現出強勁的時序相關性，最

多滯後 12 個月時間。

- 在全球金融危機之後，趨勢追蹤策略的表現平均會有4年時間較為疲軟。時序回報可預測性被打破降低了趨勢追蹤策略帶來回報的機會。
- 對比危機時期和非危機時期的表現，危機開始前24個月的平均回報（4.0％）不到非危機時期的1/3（13.6％）。危機開始後48個月的平均回報（6.0％）不到非危機時期的一半（14.9％）。
- 無論是股票、債券還是貨幣，最終結果都表現一致。唯一的例外是大宗商品。在危機前和危機後時期中，大宗商品的回收都是差不多量的。
- 他們發現，對於地區性金融危機，由本地資產構成的投資組合也表現出類似效應。

作者指出，根據行為模型，動力的出現是由於投資者的信心過度及厭惡風險情緒的弱化。以資產價格來計算回報，帶來了回報效益的可預測性。因為這些模型在市場下滑之後，過度的信心會下降，對風險的厭惡情緒會上升。因此在金融危機之後，回報可預測性的下降似乎符合邏輯。要指出的一點是，正如作者所說，「在危機期間，政府更傾向做出干預，導致價格模式不再連續。」這樣的干預可能會導致劇烈反轉，給趨勢追蹤策略帶來負面後果。

哈欽森和歐布萊恩總結:「這類策略（趨勢追蹤策略）的表現在危機期間更差，與正常市場狀況相比溢價最低只有1/3。我們關於地區性危機的證據也可以支援這樣的結果，但效應似乎是短暫的。在對市場的分析中，經驗證據顯示，正常市場狀況下時序的可預測性和普遍性會被打破，而這些正是趨勢追蹤策略所依賴的基礎。」

總結

　　做為一種投資策略，趨勢追蹤有悠久的歷史。除了學術界現存的重要證據之外，來自上述研究的資料提供了強有力的樣本以外的證據，同時證明了趨勢是全球市場的普遍特性。

　　趨勢追蹤是否可以持續？關於這個問題，赫斯特和同事總結:「關於市場為何更傾向於按趨勢變化，最可能的解釋包含了投資者的行為偏見、市場阻力、對沖需求以及央行和政府對市場的干預。這樣的市場干預和對沖項目仍然很普遍。在過去一個世紀中，投資者仍遭受著影響價格的行為偏見所造成的不利影響，而這給未來的趨勢追蹤策略提供了舞台。」

　　總而言之，考慮到分散投資優勢及對市場下行（尾部風險）的對沖能力，我們認為，可以考慮將投資組合部分配置於趨勢追蹤策略。需要指出的是，趨勢追蹤策略的較高周轉率通常會導

致過高的納稅。因此，更好的做法是在稅收優惠帳戶中採取這種策略[17]。

附錄

G

增加因子對基金回收的邊際效應

尤金·法馬和肯尼斯·佛倫奇於 2015 年發表學術論文《新增變數和投資機會集》（Incremental Variables and the Investment Opportunity Set）。對關注多種因子投資，或者說多種風格基金的投資者來說，這篇論文帶來了重要啟發。

法馬和佛倫奇在研究中指出：「大部分資產定價研究都是在尋找變數，讓我們更容易理解預期回報橫斷面。如果對候選變數的某種排序可以給平均回報帶來較大差值，那麼研究者就會宣佈成功找到變數。不過我們還有一種更好的衡量方式：對於已經包含多種變數，回報可預測的模型，我們關注的是額外變數給回報差帶來了什麼樣的增量貢獻。」

這篇論文提出了重要結論：如果某個因子（即我們討論過的系統性變數，例如動力和獲利能力）在橫斷面資產定價回歸分析中提供了較強的邊際解釋能力且能帶來較高的溢價，那這樣的因子就不太可能包含在其他因子（例如規模和價值因子）並且其他因子具備解釋能力的投資組合中給回報帶來增量貢獻。

在確定希望對哪些因子建立部位之後，你的下一個決定應該專注於要單獨瞄準這些因子，還是借助多種風格基金。例如，投資者可以決定持有3檔基金，每檔基金分別瞄準規模、價值和動力因子。或者，投資者可以選擇一支同時瞄準這3種因子

的基金。

羅傑・克拉克（Roger Clarke）、哈林德拉・德席爾瓦（Harindra de Silva）和史蒂芬・索利（Steven Thorley）於 2016 年發表學術論文《因子投資組合和高效的因子投資》（Factor Portfolios and Efficient Factor Investing）。論文指出，相對於合併不同因子，以單個證券去建構出最優組合的效果遠遠更好。這符合我們的直覺看法，例如，假定某人選擇同時投資規模和價值因子。在股票層面建構投資組合意味著買入同時具備小市值和價值特徵的股票。然而，在因子層面建構投資組合則意味著分別買入大量小市值股票和大量價值型股票。小市值股票可能會存在明顯的成長性部位（缺乏價值），而價值型股票中可能某些會有較高的市值（並非小市值股票）。這樣做顯然不是最佳的。

如果某個策略圍繞多個因子同時建立做多和做空部位，那麼情況還要更糟。因為其中一種因子，你就需要做多一檔股票，而因為另一種因子，你可能也需要做空該股票。因此，如果分別瞄準不同因子，那麼投資者不僅需要支付兩次費用，無法建立起任何淨頭寸，還會產生不必要的交易成本。很明顯地，利用多種風格基金是更佳的選擇。

關於如何組合不同因子，我們在這裡提供一些可供權衡的策略。以價值因子和動力因子為例，這兩種因子呈現負相關關係。在理想情況下，你希望投資組合中的股票同時具備對這兩種因子的曝險部位，避免負曝險。為了實現這個目標，你可以

這樣做：排除高價值（低動力）和高動力（低價值）股票。然而，排除的股票數量越多，分散投資的程度就越差。此外，這樣的投資組合無法持有曝險最大的股票，因為許多高價值（或高動力）股票往往存於低動力（或低價值）的局面。這種投資組合的因子曝險部位更有向中間水準移動的傾向。因此，在結合不同因子時必須慎重思考，具體問題包括對因子的曝險部位、持有數量、周轉率以及流動性。

這將我們帶回到法馬和佛倫奇討論的問題上：增加對額外因子的曝險部位會帶來什麼樣的增量影響？在這裡，直覺再次幫助我們，即使最簡單的三因子模型也可以解釋分散投資組合回報差異的超過90%。在加入動力因子後，解釋能力達到95%左右。正如法馬和佛倫奇在論文中所論述的，加入具備邊際解釋能力的變數總是會削弱其他有解釋能力的變數價值。換句話說，如果一個投資組合已經對市場 β、規模和價值因子有曝險部位，增加對動力因子的部位無法貢獻太多的增量回報（毫無疑問地，回報益會遠低於單一動力因子帶來的9.6%的年溢價，甚至只有單純做多投資組合約一半的年溢價）。

如果增加對某種因子的投資部位，而這種因子與投資組合已存在的另一種要素具有正相關性，那麼新因子的部分解釋能力已被之前的因子所包含。法馬和佛倫奇指出：「模型中已存在變數的稀釋作用幾乎總是會限制多變數模型中新增變數對擴大預期回報的貢獻。」

因此，對新因子的部位無法使該因子的全部溢價都反映至投資組合的回報效益。如果新加入的因子與現有因子存在負相關關係（例如動力因子和價值因子），那麼增加對一種因子的曝險（提高預期回報）將導致對另一種因子曝險的下降（降低預期回報）。

　　不過這並不是說，無法通過增加因子來優化投資組合的效率。加入並非百分百相關的因子可以提供分散投資優勢。此外，加入負相關因子可以降低「追蹤誤差遺憾」的風險。我們曾在附錄A中討論過這個概念。簡單來說，如果個性化的投資組合低於大盤，例如標準普爾500指數，那麼投資者會感到遺憾。實際上，對許多投資者來說，超出市場 β、規模和價值三因子以外，增加對更多因子曝險部位的最大額外優勢或許就是確保追蹤誤差遺憾風險最小化。

　　最後還有個問題需要考慮：在新增對額外因子的部位後，你可能也會增加投資組合的周轉率，導致交易成本上升，降低納稅效率。

附錄

H

運動博弈和資產定價

　　學術研究已經發現，將價值和動力策略結合在一起將帶來更高效的投資組合，因為兩者之間存在明顯的負相關性。重要的是，在全球範圍內以及多種資產類別中，都呈現這樣的情形。這意味著這樣的策略不僅適用於股票，也適用於債券、大宗商品和貨幣。根據之前的討論，儘管價值和動力因子的存在和解釋能力不容置疑，但關於溢價的來源存在著兩種相互競爭的理論：以風險為基礎的解釋（或許可以稱為尤金・法馬陣營，尤金・法馬被認為是有效市場假說之父）以及以行為學為基礎的解釋（即羅伯特・席勒（Robert Shiller）陣營）。有趣的是，法瑪和席勒共同獲得 2013 年的諾貝爾經濟學獎。

　　行為學研究發現，由於認知偏見（導致投資者對某些消息過度反應或反應不足）或錯誤觀念的存在，價格有可能偏離價值。但由於成本和套利限制的存在，套利者的行動無法確保市場效率，因此錯誤定價會長期持續。

　　耶魯大學教授托拜亞斯・莫斯科維奇試圖揭開溢價的風險解釋和行為學解釋之間的神秘關係，他在運動博弈領域檢驗了動力因子和價值因子的效應。他的假設是，如果以行為學的定價模型有效，那麼這種模型應該可以解釋各種市場的回收效益，無論是投資還是博弈。相反如果無效，那麼就很明顯，對於

不同的市場和資產類別，我們需要不同的模型。

為什麼是運動博弈？

運動博弈提供了一個強大的實驗室。這主要是因為在運動博弈領域，不可能用宏觀經濟風險去解釋因子的存在。簡而言之，唯一可能的解釋就是與行為學相關的解釋。

如果說出現在投資領域的價值和動力因子確實來自行為錯誤，那麼同樣的行為錯誤也應當出現在運動博弈中。此外，由於運動博弈的終極價值可以很快被發現，因此運動博弈提供了行為學理論完美的樣本以外的測試平台。在開獎時，任何定價錯誤都會很快被發現。因此問題就變成了：在運動博弈和投資兩個領域，我們能否看到同樣的現象？

為了找到答案，莫斯科維奇分析了多個運動博弈市場，以瞭解這些市場是否會出現類似的關係和模式。他研究了4種體育運動：棒球（美國職棒大聯盟）、橄欖球（美國橄欖球大聯盟）、籃球（美國職業籃球聯賽）和冰球（美國冰球聯盟）以及3種下注方式，這帶來了12個檢驗平台，進而大幅降低出現巧合的可能性。3種下注方式分別為：

1. 讓分：例如一支球隊讓3.5分。如果你賭這支球隊贏，那麼一旦這支球隊輸球，或是贏球不到3.5分，那麼你就

會輸。

2. 大小球：這種下注方法賭的是總得分。例如在一場美國職業籃球聯賽中，大小球的區分點是200分。如果賭大，但最終總得分不到200分，那麼結果就是輸。

3. 強弱盤賠率：例如，如果你下注優勢一方，那麼要投入180 美元，才可能贏100美元。如果你下注弱勢一方，那麼只要投入100 美元，就有可能贏170美元。

對於前面兩種玩法，通常需要投入110美元才能贏得100美元。其中的差價是下注經紀人的抽成費用，也被稱為「抽頭」。因此，交易費用很高。

莫斯科維奇的研究資料來自1999年至2013年，涉及了約12萬種下注合約。這些合約來自拉斯維加斯最大的賭場以及線上運動博弈平台。莫斯科維奇分析了3種下注類型隨時間變化的回報效益：由下注經紀人設定開盤價格，在比賽開始、下注結束前，參與者自行設定價格以及終點價值。

他想要檢驗的理論是：行為模型能否解釋回報，或者說市場是否有效？換句話說，如果市場是有效的，「情緒」（或者也可以稱為「動物精神」或非理性表現）無法預測結果，只有新資訊（例如披露關鍵球員受傷的資訊）可以預測結果。

如果新資訊的傳播速度很慢（市場反應不足）或是出現過度反應（價格漲跌幅幅度很大），我們就可以得到與金融市場一致

的行為學解釋。

為了減少資料探勘的風險,莫斯科維奇研究了不同的動力和價值指標,不同的時間範圍,並對結果進行了平均化處理。他甚至用單數年和雙數年做為不同分類指標來檢驗結果。

衡量動力和價值

金融學中有常用的動力和價值指標,但運動博弈並非如此。關於動力,找到適當的指標相對容易。例如,以在過去1場、2場甚至8場比賽(8場比賽相當於美國職業籃球聯賽一個賽季的10%)中,同一支球隊、同一種下注合約的勝場、得失分差以及投資回報等指標,莫斯科維奇研究了如何去衡量動力。

價值的衡量則相對困難。莫斯科維奇選擇使用長期反轉做為一種價值指標。以股票來說,過去5年表現不佳的股票被認為是價值型股票。因此為了衡量價值,莫斯科維奇使用過去1個、2個和3個賽季的表現做為指標。關於價值的其他指標,莫斯科維奇選擇了球隊經營過程中的多種指標,包括球隊帳面價值、門票收入、總營收(門票銷售加上紀念品銷售、電視轉播權和特許商品)及球員工資,隨後將這些資料除以價差玩法中的當前價差。莫斯科維奇還使用了賽事資料統計得分,也就是畢達哥拉斯預期公式(Pythagorean expectation formula)。這種公式以過去

勝場、得失分差及賽程強度來預測每支球隊獲勝的機率，和實力排名十分類似。他將這些得分做為相對強度指標，具體方法是將每支球隊的得分相減，再除以目前投注線或合約價格（類似於股票的獲利股價比）。

法馬和塞勒對運動博弈中動力與價值的衡量

有趣的是，在處理這些資料之前，莫斯科維奇諮詢了他的同事尤金・法馬（有效市場假說和溢價風險解釋的主要擁護者）和理查・塞勒（Richard Thaler）（無效市場假說和溢價行為學解釋的主要擁護者），希望知道他們是否同意對這些指標的選擇。

法馬和塞勒的評估必須是事前的，而不能是事後的（在知道結果以後）。他們都認為對價值和動力指標的選擇是合適的，這與金融市場的定義方式一致。以下是莫斯科維奇的發現：

■ 在不考慮費用的情況下，運動博弈的整體回收保持持平，在考慮費用之後會變成較低的負數（因為「抽頭」的存在）。這顯示出系統性地押注主隊或自己支持的隊伍無法帶來獲利。關於這些屬性，市場是有效的。

■ 與預期一致，莫斯科維奇發現，運動博弈的結果和股市回報之間沒有相關性，這證明了運動博弈實際上是獨立的。

■當投注線在下注開始到下注結束期間移動時，下注開始到結束的回報與下注開始到最終結果的回收表現出較低的正相關關係，與下注結束到最終結果的回報表現出較低的負相關關係。

■運動博弈市場表現出對價格過度反應的傾向。這種過度反應在終點價值（比賽結束時）處得到反映（並反轉）。

■有強勁的模式顯示動力的存在，並可以預測投資回報效益。這與金融市場類似，押注者會推動價格上升。和金融市場相似的另一點是，這裡存在預測價值（在終點價值處發生反轉，意味著存在延遲的過度反應）。換句話說，相對於比賽開始、押注結束時的價格，由下注經紀人設定的初始價格更準確。這種情況發生在多種體育賽事，以及多種不同且互不相關的下注玩法中。除了冰球比賽之外，t 統計量都很高。

■關於價值因子，運動博弈表現出強勁但相反的模式。隨時間推移，低價下注會變得更便宜。在最終結果公佈，真實價值確定時，反轉將會發生。動力和價值之間的負相關關係與金融市場的情況類似。然而，儘管價值型下注也存在強勁的模式，但與動力型下注相比，最終結果缺乏統計學意義。雖然很容易確定動力的定義，但卻不容易確定價值的定義。

■莫斯科維奇還分析了規模效應。為了衡量規模，他使用

整年度商品銷售價值、門票收入、總營收以及球員工資資料。這些指標和球隊所在的本地市場規模緊密相關。他發現，這些資料沒有任何解釋或預測能力。

■ 來自動力和價值的每風險單位（波動性）回報約為金融市場水準的 1/5。這顯示出金融市場的大部分回收來自其他（以風險為主）來源。或者也有可能在運動博弈中使用的指標只是雜音，無法給出清晰的預測。

　　莫斯科維奇之後分析了多方面資料。他寫道：「還有一種情況也會表現出過度反應：當價值存在更多不確定性時，過度反應更明顯。」由於在接近賽季開始時，所有球隊的品質都存在不確定性，莫斯科維奇單獨分析了每個賽季之初的比賽，以及下注價格波動性更高的情況。他發現，這些結果與過度反應具有一致性：動力以及之後的反轉更強烈，而價值效應更弱。

　　利用最近一次財報發佈後時間段的資料，莫斯科維奇將同樣的概念應用於股票回報效益。他發現：「在財報發佈後的一段時間內，企業價值的確定性應該更好，因為財報提供了重要的相關資訊。」將公司分成兩組，一組是近期發佈財報的公司，另一組是距離上次財報發佈已有幾個月時間的公司（不確定性更大）。莫斯科維奇發現，對於近期發佈財報的公司，如果利潤表現不佳或接近於零，那麼動力利潤和之後的反轉都會更強烈。

　　價值因子的情況剛好相反。在近期發佈財報的公司中，價

值利潤最強勁，而對於利潤幾乎為零的公司，價值利潤不存在。莫斯科維奇指出：「這些結果符合在運動博弈領域的發現，與延遲的過度反應理論具有一致性。關於金融市場中的動力和價值，運動博弈提供了創新的檢驗方法和新的結果。」

他的結論是：「不同體育比賽和不同運動博弈玩法的一致性模式意味著，這不太可能是巧合的結果。證據顯示出投資者的過度反應造成了動力和價值回報溢價。這提供行為學理論樣本以外的檢驗方法。另外，在運動博弈市場，回報被交易成本所抵消，導致套利者無法消除價格中的這些模式，因而維持了模式的延續。」

如果可以得出任何結論，那會是什麼？

考量莫斯科維奇的研究結果，我們可以得出什麼樣的結論？首先，動力和價值效應推動了從下注開始到結束價格的變化。最終的比賽結果會導致模式發生反轉。這與金融市場溢價的情況一致。

其次，對於運動博弈市場，動力和價值因子都具有預測能力。與金融市場一樣，這兩種因子也表現出同樣的負相關關係（動力推動價格上漲，價值推動價格下跌）。這顯示出在金融市場，這些因子至少有部分的行為學元素。換句話說，以風險做

解釋和以行為學做解釋並不完全互斥，而是具有互補效應。答案並不是非黑即白。在一定程度上結合兩種理論很可能有助於提供正確解釋。對於這個問題，我們的看法如下：價值和動力溢價並不是免費午餐（如果我們簡單地利用他人的行為缺陷，情況會是如此），但它們可能是甜品盤中一款免費的甜點。第三，正如莫斯科維奇指出，考量到這些檢驗的獨立性（包括4種不同的體育賽事和3種不同下注玩法，下注市場的總數為12個），結果不太可能是巧合，很難相信這些發現是隨機性的結果。

莫斯科維奇發現，投資領域的某些阻力導致聰明的資金，也就是套利者，無法修正定價錯誤。同樣地，運動博弈領域的阻力（下注經紀人的「抽頭」形成下注成本）導致聰明的資金無法修正個人下注者的定價錯誤。換句話說，即使聰明資金已經知道錯誤定價的存在，但阻力確保了錯誤定價持續。此外，這項發現提供的證據顯示，在考慮策略配置成本後，運動博弈市場與金融市場類似，可以被認為是高效的。

有鑑於此，如果可以做到「友好」下注（沒有下注經紀人從中「抽頭」），那麼證據顯示在經紀人開出下注線之後，下注者應該能夠利用市場上出現的定價錯誤，尤其是在結合價值和動力策略的情況下。

最後莫斯科維奇指出，近期線上下注網站之間的激烈競爭導致下注經紀人「抽頭」低於傳統的10％。然而，即使較低（最低約為7％）的「抽水」也不足以讓下注者去利用定價錯誤。還

有件事你們可能會感興趣。莫斯科維奇與他人共同撰寫了一本體育統計類的暢銷書，這就是《計算得分：體育比賽玩法和勝利方法背後的隱藏影響》（Scorecasting: The Hidden Influences Behind How Sports Are Played and Games Are Won）。我們認為，這是體育迷必讀的一本書。

重新評估規模溢價

　　利用多因子去配置投資組合的投資者和投資顧問通常更關注價值溢價而非規模溢價。理由很簡單,從歷史上來看,價值溢價更高。另一些人甚至質疑,由於疲軟、多變的歷史記錄,規模溢價是否真的存在。對於這兩個問題,或許在於規模溢價,尤其是利用規模因子去建構投資組合,還沒有得到充分的理解。為了澄清這個問題,我們將從最基本的定義開始說明。

　　根據尤金·法馬和肯尼斯·佛倫奇的定義,規模因子的構成是對所有股票按市值排序(以紐約股票交易所股票的市值來確定),分成10檔,隨後用排名6到10檔股票(小市值股票)的年加權平均回報減去排名1到5檔股票(大市值股票)的年加權平均回報。換句話說,這就是用規模排名後50%股票的回報減去排名前50%股票的回報。這與價值因子不同。價值因子的構成是將所有股票按帳面市值比排序,隨後用1到3檔股票(價值型股票)的年加權平均回報減去8到10檔股票(成長型股票)的年加權平均回報。換句話說,這是以價值指標排名前30%股票的回報減去後30%股票的回報。在這個定義中,排名4到7檔的股票被認為是核心股票。

　　30/40/30的構成方式也被用於其他風險因子,例如動力因子、獲利能力因子、品質因子,以及低 β / 低波動性因子。規模

表I.1　CRSP 的 10 分檔：年化回報效益（1926-2015）				
	1-2	3-5	6-8	6-8
年化回報（%）	9.47	10.99	11.39	11.98

因子是唯一的例外。

　　以芝加哥大學證券價格研究中心（CRSP）的資料為基礎，表 I.1 顯示了不同市值檔次股票的歷史回報效益。

　　正如這些市值分檔所表明的，如果某類股票相對於其他股票存在溢價，那麼透過對類別的更嚴格定義，溢價就會表現得更明顯。可以看到在縮小規模分組的檔次之後，隨著股票市值的變小，回收變得更高。然而對類別的定義越嚴格，把握溢價就越困難，因為可選擇的股票變得更少。因此，為了理解股票溢價，我們提出以下問題：規模因子的定義方式對投資組合可把握的溢價總量有什麼樣的影響？

　　肯尼斯・佛倫奇的資料庫提供了不同市值檔次股票的回報資訊。我們可以用這些資料設計多種不同版本的規模因子，並嘗試回答以上問題。標準規模因子的定義方式如上所述，使用

市值排名後 50%股票的加權平均回收減去排名前50%的股票。我們稱其為50/50定義。我們之候分別使用排名前後30%、20%和 10%的股票去設計規模因子，並分別稱之為30/30、20/20和10/10定義。表I.2 顯示了，不同定義下規模因子的年溢價率。

正如我們所預期，在縮小關於「小市值」和「大市值」的定義之後，年溢價率出現上升。標準50/50定義的規模因子年溢價率最低，而30/30定義的溢價已經大於價值溢價（後者為4.83%）。此外，所有年溢價率都具有統計學意義（t 統計量均大於 2.0）。

為了衡量投資組合究竟可以把握某種溢價的多大部分，多因子投資者可以透過因子模型回歸分析來估計因子乘載。以3種小市值指數為基礎，表I.3 顯示了對於規模因子的不同定義，

表I.2　歷史溢價（1927-2015）			
規模因子的定義			
50/50	30/30	20/20	10/10
年化回報（%）　3.28	5.22	6.15	7.65
t 統計量　2.22	2.34	2.27	2.44

表I.3　月規模因子乘載，四因子模型（1998-2015）				
	規模因子的定義			
指數	50/50	30/30	20/20	10/10
羅素 2000 指數	0.77	0.59	0.50	0.42
標準普爾 600 小市值指數	0.68	0.50	0.41	0.34
道瓊美國小市值指數	0.58	0.44	0.37	0.32

表I.4　月規模因子乘載，四因子模型（1998-2015）				
	規模因子的定義			
基金	50/50	30/30	20/20	10/10
DFA 美國微型市值基金	1.01	0.82	0.73	0.64
DFA 美國小市值基金	0.83	0.65	0.56	0.48
先鋒小市值指數基金	0.73	0.56	0.47	0.40

四因子模型估計的規模因子乘載。

　　我們再次發現，隨著縮小對規模因子的定義，對溢價的把握變得更困難。對於某種指數，對規模因子的定義越狹窄，估計的因子乘載就越小。需要指出的一點是，表I.3給出的估計資料具有統計學意義。我們可以對真實基金採取類似分析方法。表I.4的分析方法與表I.3類似，但使用了3支小市值基金。

我們再次看到，隨著規模因子的定義變狹窄，估計乘載變得更小。這次，對於不同的規模因子定義，儘管基金之間存在明顯差異，但仍然可以看到，隨著規模因子定義的逐漸嚴格，基金對該因子的估計乘載逐漸下降。

目前為止，我們已經證明了之前的假設，也就是規模因子定義對於規模溢價程度以及投資組合把握這種溢價能力的影響。利用兩檔基金，即表 I.4 中的 DFA 美國微型市值基金及 DFA 大市值價值型基金，我們可以來看看，規模因子和價值因子定義方法的不同對於投資組合可把握溢價量的影響。具體衡量方式很簡單，即投資組合的估計因子乘載乘以各自的年溢價。表 I.5 呈現兩支基金以這種計算方式所得到的結果。

表 I.5　每年可把握的規模和價值溢價（1998-2015）				
	溢價目標	乘載	總溢價	可把握溢價
DFA 美國微型市值基金	規模	1.01	3.28	3.31
DFA 大市值價值型基金	價值	0.60	4.83	2.89

儘管價值溢價比規模溢價更大，但瞄準規模因子的投資組合，即DFA美國微型市值基金，實際上把握了更多的因子溢價。這反映了更高的因子乘載，而高因子乘載要歸因於規模因子不太嚴格的定義方式。

　　儘管很簡短，但這個案例明確顯示出對多因子投資者來說，在選擇如何向因子進行資產配置的過程中，因子溢價幅度應該是唯一的考量。最關鍵的重點在於，在評估規模溢價時，我們應該考慮規模因子的定義方式以及投資組合把握規模因子能力的提升。忽略規模溢價的投資者可能會錯失非常可觀的因子溢價。

附錄

J

資產配置：共同基金和 ETF 基金[18]

　　在建構投資組合時，以下清單中的基金值得考慮。一支共同基金可能有不止一個份額級別，這裡列出的是成本最低的級別。由於最低投資額的存在，這些級別可能沒有向所有投資者開放。AQR、橋路和DFA的基金可以透過有許可執業的財務顧問買到，也可以透過退休金計畫和529計畫購買。（需要說明的是，對於某些AQR基金，一些投資者或許可以買到成本較低的R份額版本。）需要考慮的因素包括某檔基金對每種因子有多大的部位、費率以及提供的分散投資程度（也就是持有多少種股票）。對於ETF基金，還需要考慮的另一個問題是基金的流動性。因此這裡的建議是，可以考慮的ETF基金應該是管理超過1億美元的資產，平均交易量超過500萬美元。

單一風格基金

市場 β 因子	
美國國內	
基金	費率
富達斯巴達全市場指數基金（FSTVX）	0.05
嘉信美國廣義市場基金（SCHB）	0.03
先鋒全股票市場基金（VTI/ VTSAX）	0.05/0.05
安碩核心標準普爾美國全市場基金（ITOT）	0.03
國際已開發市場	
基金	費率
富達斯巴達國際指數基金（FSIIX）	0.20
先鋒富時除美國外全球基金（VEU/VFWAX）	0.13/0.13
先鋒國際全股票基金（VXUS/VTIAX）	0.13/0.12
嘉信國際股票基金（SCHF）	0.08
安碩核心明晟 EAFE 基金（IEFA）	0.12
新興市場	
基金	費率
DFA 新興市場基金（DFEMX）	0.57
嘉信新興市場基金（SCHE）	0.14
先鋒富時新興市場基金（VWO/VEMAX）	0.15/0.15

規模因子	
美國國內	
基金	費率
橋路超小公司市場基金（BRSIX）	0.73
DFA 美國微型市值基金（DFSCX）	0.52
DFA 美國小市值基金（DFSTX）	0.37
安碩羅素微型市值基金（IWC）	0.60
先鋒小市值指數基金（VB/VSMAX）	0.08/0.08
嘉信美國小市值基金（SCHA）	0.08
安碩核心標準普爾小市值基金（IJR）	0.12
國際已開發市場	
基金	費率
DFA 國際小公司基金（DFISX）	0.54
道富標準普爾國際小市值 ETF 基金（GWX）	0.40
先鋒富時除美國外全球小市值基金（VSS/VFSVX）	0.17/0.31
嘉信國際小市值股票基金（SCHC）	0.16
新興市場	
基金	費率
DFA 新興市場小市值基金（DEMSX）	0.72
道富標準普爾新興市場小市值基金（EWX）	0.65

大規模和價值因子	
美國國內	
基金	費率
DFA 美國大市值價值基金 III（DFUVX）	0.13
DFA 稅務管理美國市場價值基金 II（DFMVX）	0.22
嘉信美國大市值價值基金 （SCHV）	0.06
先鋒價值指數基金 （VTV/VVIAX）	0.08/0.08
國際已開發市場	
基金	費率
DFA 國際價值基金 III（DFVIX）	0.25
DFA 稅務管理國際價值基金 （DTMIX）	0.53
安碩明晟 EAFE 價值基金 （EFV）	0.40
嘉信基本面國際大企業基金 （FNDF）	0.32
新興市場	
基金	費率
DFA 新興市場小市值基金 （DEMSX）	0.56
嘉信基本面新興市場大企業基金 （FNDE）	0.48

規模因子和價值因子	
美國國內	
基金	費率
橋路全小市值價值基金（BOSVX）	0.60
橋路全稅務管理小市值價值基金（BOTSX）	0.60
DFA 美國小市值價值基金（DFSVX）	0.52
DFA 稅務管理美國精准價值基金（DTMVX）	0.44
安碩標準普爾小市值 600 價值基金（IJS）	0.25
先鋒小市值價值基金（VBR/VSIAX）	0.08/0.08
嘉信基本面美國小企業基金（FNDA）	0.32
國際已開發市場	
基金	費率
DFA 國際小市值價值基金（DISVX）	0.69
DFA 除美國外全球精准價值基金（DWUSX）	0.65
動力因子	
美國國內	
基金	費率
AQR 動力基金（AMOMX）	0.40
安碩明晟美國動力因子基金（MTUM）	0.15
國際已開發市場	
基金	費率
AQR 國際動力基金（AIMOX）	0.55

獲利能力／品質因子	
美國國內	
基金	費率
安碩明晟美國品質因子 ETF 基金（QUAL）	0.15
國際已開發市場	
基金	費率
安碩明晟國際發達市場品質因子 ETF 基金（IQLT）	0.30
期限因子	
基金	費率
DFA 五年期全球固定收益基金（DFGBX）	0.27
DFA 多元固定收益基金（DFXIX）	0.15
DFA 中期政府固定收益基金（DFIGX）	0.12
DFA 除美國外全球政府固定收益基金（DWFIX）	0.20
DFA 中期市政債券基金（DFTIX）	0.23
安碩巴克萊 7 到 10 年國債基金（IEF）	0.15
先鋒中期國債基金（VGIT/VFIUX）	0.10/0.10
期限因子	
基金	費率
景順 DB G10 貨幣收益 ETF 基金（DBV）	0.76

多風格基金

規模＋價值＋獲利能力／品質因子	
美國國內	
基金	費率
DFA 美國核心股票基金 1（DFEOX）	0.19
DFA 美國核心股票基金 2（DFQTX）	0.22
DFA TA 美國核心股票基金 2（DFTCX）	0.24
國際	
基金	費率
DFA 國際核心股票基金 （DFIEX）	0.38
DFA 除美國外全球核心股票基金（DFWIX）	0.47
DFA TA 除美國外國際核心股票基金 （DFTWX）	0.45
規模＋動力	
美國國內	
基金	費率
AQR 小市值動量風格基金（ASMOX）	0.60

價值＋動力＋獲利能力／品質	
美國國內	
基金	費率
AQR 大市值多風格基金（QCELX）	0.45
AQR TM 大市值多風格基金（QTLLX）	0.45
高盛「活躍 β」美國大市值股票 ETF 基金（GSLC）	0.09
國際	
基金	費率
AQR 國際多風格基金（QICLX）	0.60
AQR TM 國際多風格基金（QIMLX）	0.60
新興市場	
基金	費率
AQR 新興市場多風格基金（QEELX）	0.75
AQR TM 新興市場多風格基金（QTELX）	0.75
規模＋價值＋動力＋獲利能力／品質	
美國國內	
基金	費率
AQR 小市值多風格基金（QSMLX）	0.65
AQR TM 小市值多風格基金（QSSLX）	0.65

價值＋動力＋品質＋防禦性（股票、債券、貨幣和大宗商品）	
基金	費率
AQR 風格溢價基金 （QSPIX）	1.50
AQR 風格溢價替代 LV 基金 （QSLIX）	0.85
趨勢追蹤（股票、債券、貨幣和大宗商品）	
基金	費率
AQR 期貨管理基金 （AQMIX）	1.25
AQR 期貨管理策略 HV 基金（QMHIX）	1.55

術語表

主動管理（Active management）
試圖發現被市場低估或高估的證券，或試圖在市場上漲時加大投資，在市場走下坡時減少投資。

α（Alpha）
風險調整後業績相對於基準的一種衡量方式。α 為正數顯示優於基準，為負數顯示差於基準。α 為正數或負數可能是因為運氣、管理技巧、成本或選擇基準錯誤。

錨定（Anchoring）
一種認知偏見的形式。對於特定價值或屬性，投資者給予不恰當程度的重視，之後視為參考點，並以此來評價之後資料的影響，以支援最初的觀點。例如，某些投資者會傾向堅持已虧損的投資，等待投資至少損益兩平。這時，他們就是將投資的現值錨定到之前有過的價值。

異常（Anomaly）

根據有效市場假說（EMH），無法用風險考量來解釋的證券回報效益。

套利（Arbitrage）

一種交易過程。投資者嘗試利用兩種基本一樣（或非常類似）的證券的價格差，以低價買入其中之一，以高價賣出另外之一（進而避免風險或是使風險最小化）。套利者的交易活動最終會消除價格差。

資產配置（Assetallocation）

一種確定將多少比例的資產配置於某種資產類別的分配方式。也可以指這種方式取得的最終結果。

資產類別（Asset class）

風險和預期回收特徵類似的資產。資產類別的例子包括現金、債務工具、房地產和股票。在主要資產類別，例如股票之中，還有更細分的類別，包括大市值和小市值公司股票，以及國內和國際股票。

基點（Basis point）

1%的1%，即0.0001。

基準（Benchmark）

一種適當的標準，用於評判共同基金和其他投資工具的業績。大市值成長型基金應當利用大市值成長型指數，例如標準普爾500成長型指數來評判。小市值基金管理者的評判標準應當是小市值指數，例如羅素2000指數。

β（Beta）

某一股票、共同基金或投資組合對於一種因子的投資曝險部位。

買賣價差（Bid-offer spread）

買入價是賣方可以出售股票的價格，而賣出價是在買方買入股票時需支付的價格。價差是就是這兩種價格之間的差異，代表了在不考慮佣金的情況下，一次買入賣出交易的成本。

帳面市值比（Book-to-market value，BTM）

每股帳面價值與每股市值的比值，或帳面價值除以市值。

帳面價值（Book value）

一種會計概念，反映了企業基於會計準則的價值。帳面價值常常用每股價值來表達。每股帳面價值等於帳面價值除以股份總數。

認購期權（Call）

一種期權合約。持有者有權以預先確定的價格在預訂日期（歐式
認購期權）或一段特定時間內（美式認購期權）買入股票，但這
並非義務。

資本資產定價模型（Capital asset pricing model，CAPM）

第一種正式的資產定價模型。這種模型使用單一因子（市場 β）
來描述風險和預期回報之間的關係，被用在有風險證券的定價
之中。

大宗商品（Commodity）

一種實體物品（例如玉米、石油和黃金），其供應沒有明顯的品
質差異。

確認偏見（Confirmation bias）

一種尋找、表述、偏好或回憶資訊的傾向，其目的是確認某人
預先的觀念或假設，同時沒有對其他可能性給予適當考量。

信用違約互換交易（Credit default swap，CDS）

一種金融互換協議。（當債務人）在發生貸款違約事件或其他信
用事件時，信用違約的賣家將補償買家（通常是標的貸款的債權
人）。實際上，信用違約賣家向買家提供了一種保險，應對標的

貸款的違約。買家需要向賣家完成一系列支付（這就是信用違約
掉期的「費用」或「展期」），同時在貸款違約的情況下獲得回
報。

證券價格研究中心（CRSP）

證券價格研究中心是芝加哥大學商學院的一個金融研究機構。
CRSP分檔按照市值將美國股票分成10檔，CRSP 1是市值最高
的一檔，CRSP 10是市值最低的一檔。

貨幣風險（Currency risk）

投資價值受匯率波動影響的風險。

資料探勘（Data mining）

一種試圖從大量歷史資料中識別模式，建立現實世界預測模型
的技術。

違約（Default）

未能及時償還本金或利息的行為。

處置效應（Disposition effect）

一種傾向，即投資者急於拋售獲利投資，從而鎖定收益，同時
持有虧損投資過長時間，期望實現損益兩平。

問題型股票（Distressed stocks）

這類股票有較高的帳面市值比，或較低的股價利潤比。另一種名稱是價值型股票。

分散投資（Diversification）

將資金分散到多種具有不同風險回收特徵的投資目標，進而最小化投資組合風險。

持久期（Duration）

相對於給定債券收益率的百分比發生變化，債券價格預期的百分比也會隨之變化。較高的持久期意味著，債券價格對於利率變化更敏感。

EAFE 指數（EAFE Index）

即歐澳遠東指數，其中包含歐洲、澳洲和遠東地區已開發國家公司的股票。歐澳遠東指數非常類似標準普爾 500 指數，其中的股票按照市值加權。

有效市場假說（Efficient market hypothesis，EMH）

這種理論認為，在任何時刻的流動性市場中，股票價格是全部可以用資訊的完整反映。有效市場假說認為，由於市場是有效的，目前價格反映了全部資訊，因此試圖優於市場只是一場機

率的遊戲，與參與者自身的能力無關。

新興市場（Emerging markets）

相較於不開發國家的資本市場，這些國家正開始表現出已開發國家的特徵，例如較高的人均收入。這類國家中的典型包括巴西、墨西哥、羅馬尼亞、土耳其和泰國。

事件風險（Event risk）

即預期之外事件（戰爭、政治危機、洪水或颶風）造成的風險，對股票價格造成負面影響。

交易所交易基金（Exchange traded funds，ETF）

從實戰角度來看，這些基金的行為方式類似於開放式、免佣金的共同基金。與共同基金類似，這種基金在創設後可以代表任何指數或資產類別。不過交易所交易基金並不是共同基金。事實上，這些新的投資工具介於公開上市股票及開放式、免佣金共同基金之間。與股票類似（但與共同基金不同），這些基金可以全天在股票交易所交易。

事前（Ex-ante）

在結果發生之前。

費率（Expense ratio）

共同基金的營運費用，以總資產的百分比來表示。這些費用將從基金的投資業績中扣除，以得出基金持有者的淨回報。這其中包括經理人費用、管理成本以及某些情況下的行銷成本。

事後（Ex-post）

在結果發生之後。

因子（Factor）

證券中廣泛存在的一類數值特徵或特徵集。

國外稅收抵免（Foreign tax credit，FTC）

一種稅收抵免機制。當同一筆收入需要在兩個國家繳稅時，這種機制可以減少或避免繳兩次稅。

四因子模型（Four-factor model）

關於分散股票投資組合表現的差異，最佳解釋就是對4種因子的曝險不同：股市整體風險、公司規模（市值）、價值（帳面市值比，即BtM）以及動力。研究顯示出平均來看這4種因子可以解釋分散投資的美國股票投資組合約95％的回報差異。

十足信用（Full faith and credit）

十足信用是一種保證，即所有課稅能力和資源在必要情況下將不加限制地用於償還債務。

熱門股票（Glamour stocks）

這些公司的股票帳面市值比較低，或股價利潤比較高。它的另一種名稱是成長型股票。

成長型股票（Growth stocks）

這些公司的股票市盈率相對較高，或帳面市值比相對較低。這與價值型股票相反，因為市場預計，這些公司的利潤相對於市場整體將更快地增長。我們關注股票的利潤比率，是因為學術研究表明投資者可以通過投資價值型股票獲得回報。價值型股票被認為是風險相對較高的投資（與成長型股票相比），因此投資者會要求獲得風險溢價。

對沖基金（Hedge fund）

一種有能力投資多種資產類別的基金。這些基金往往利用槓桿來增加回報效益。

高收益債券（High-yield bond）

參見「垃圾債」。

混合式證券（Hybrid security）

這種證券同時具備股票和固定收益的特徵。混合式證券的例子包括可轉債、優先股以及垃圾債。

指數基金（Index fund）

一種被動管理型基金，目標是複製特定指數的表現，例如威爾遜5000指數、標準普爾500指數和羅素2000指數。透過按市值加權買入並持有指數成分股，這些基金可以複製指數的表現。這些基金也可以對指數進行採樣。對於小市值和全市場指數基金來說，這是種常用的策略。此外，基金還可以使用指數期貨或其他衍生工具。

首次公開招股（Initial public offering，IPO）

公司向公眾的首次招股。

投資級（Investment grade）

一支債券的信用品質至少能維持其信貸服務。穆迪投資者服務的投資級評級為Baa級或更高。標準普爾為BBB級或更高。低於投資級的評級意味著投機性的信用品質。

垃圾債（Junk bond）

評級低於投資級的債券，也稱為高收益率債券。

峰度（Kurtosis）

相較於正常（鐘型）分佈的極端值，即遠大於或遠小於平均水準的值，會更頻繁地發生（高峰度）或更少地發生（低峰度）。高峰度會導致「肥尾」，低峰度會導致「瘦尾」。

大市值（Large-cap）

大市值股票即規模大於其他公司的股票，這裡的規模是透過市值來衡量。關於「大市值」的具體定義會依來源而有所不同。例如，一名投資專家可能會將大市值定義為市值大於20億美元，而另一名專家可能認為應當大於50億美元。

槓桿（Leverage）

利用債務去增加可獲得的資產總量（例如賞入股票）。槓桿會導致投資組合的風險上升，以及預期回報的增加。

流動性（Liquidity）

衡量市場上證券交易難易度的一種指標。

管理費（Managementfees）

某個投資組合在管理過程中收取的總費用。

市場 β（Market beta）

股票、共同基金或投資組合的回收相對於股票市場整體回報的敏感程度。由於這是 β 的最初形式，因此有些人也將市場 β 簡稱為「β」。

市值（Market cap/ market capitalization）

對於個股，市值等於流通普通股總數乘以當前每股價格。例如，如果一家公司的流通股為 1 億股，當前股價為30美元，那麼市值就是30億美元。

到期日（Maturity）

債券發行者承諾歸還本金的日期。

微型市值（Micro-cap）

在CRSP分檔中歸入第9和第10檔的市值最小的股票。其他可能用到的定義包括市值排名最後5％的股票，以及市值低於2億美元的股票。

當代投資組合理論（Modern portfolio theory，MPT）

大量學術研究發現了4個概念。首先，市場非常有效，以至於超過市場總體水準的預期回報不可能透過交易系統持續實現。因此，主動管理將適得其反。第二，在可持續的週期中，可以期

待資產類別實現與其風險水準相稱的回收效益。風險更高的資產類別，例如小公司和價值型公司，將帶來更高的回收，這是對高風險的補償。第三，在多種資產類別之間的分散投資可以增加回報，降低風險。對任何給定的風險水準，都可以透過投資組合的建構獲得最高的預期回報。第四，對於不同投資者，並不存在單一正確的投資組合。不同投資者必須根據自身的特定情況去選擇資產配置，建構風險水準可接受的投資組合。

單調（Monotonic）
變化方式只會永遠不會上升，或是永遠不會下降。

MSCI 歐澳遠東指數（MSCI EAFE Index）
參考「EAFE 指數」

納斯達克（Nasdaq）
全美證券交易商協會自動報價系統的簡稱。這是一個電腦化的市場，用於股票交易，常常被稱作「場外市場」。

回報率的負相關關係（Negative correlation of returns）
當某種資產出現高於平均值的回收時，存在負相關關係的另一種資產會表現出低於平均水準的回報效益。

紐約股票交易所（NYSE）

紐約股票交易所誕生於1792年，是全球領先的股票市場。該市場中存在廣泛的參與者，包括上市公司、個人投資者、機構投資者以及成員公司。

被動資產類別基金（Passive asset class funds）

這樣的共同基金在特定的國內和國際資產類別中買入並持有普通股。每次的股票買入量與該股票在所屬資產類別中的市值權重一致，每檔股票的持有時間會持續至該股票不再符合資產類別的定義和規則。被動資產類別基金提供了被動管理策略的配置工具。

市盈率（P/E ratio）

股價與每股收益的比率。高市盈率股票被認為是成長型股票，低市盈率股票被認為是價值型股票。

謹慎投資規則（Prudent investor rule）

美國法律中的一條規則，要求負責管理他人資產的經紀人必須採取適合受益人財務狀況和風險承受能力的管理方式。

認沽期權（Put）

一種期權合約。持有者有權以預定價格在特定日期（歐式認沽權

證）或一段特定時期內（美式認沽權證）出售股票。

再平衡（Rebalancing）

將投資組合恢復至原始資產配置方式的過程。再平衡的具體做法可以是增加新的可投資資金，或出售某些表現最好的資產類別，用所獲得的收益去買入表現不佳的資產類別。

房地產投資信託（Real estate investment trust，REIT）

持有房地產，或為房地產提供資金的公司。房地產是一種單獨的資產類別。房地產投資信託有其自身的風險和回報特徵，回收效益與其他股票和固定收益資產類別的相關性相對較低。投資者可以像買入其他證券一樣買入房地產投資信託的份額，也可投資主動管理型或被動管理型的房地產投資信託共同基金。

風險溢價（Risk premium）

在接受特定類型、不可分散的風險時獲得的較高預期回報（但不是有保障的回報）。

決定係數（R-squared）

一種統計數值，表徵基金或股票的價格波動在多大程度上可以由基準指數或一系列因子的波動來解釋。

羅素 2000 指數（Russell 2000 Index）

由市值最高的 3000 家美國上市公司中較小的 2000 家組成，是小市值股票的常用指數。

美國證券交易委員會（Securities and Exchange Commission，SEC）

由美國國會設立的政府機構，用以監管證券市場，保護投資者。美國證券交易委員會對於證券公司、投資顧問、共同基金以及面向公眾售股或發債的公司有司法管轄權。

夏普比率（Sharpe ratio）

回收高於無風險資產（通常為一個月美國國債）的部分相對於所承擔風險（風險的衡量方式為回報的標準差）的一種衡量指標。例如，某種資產的平均回收為 10％，一個月美國國債的平均回報為 4％，回收標準差為 20％，那麼夏普比率為 10％ 減去 4％（得到 6％），隨後除以 20％，即 0.3。

做空部位（Short interest）

投資者賣空但尚未回補的股份數量。

賣空（Short selling）

為了立即賣出而借入證券的行為。投資者這樣做的目的是為了稍

後以更低的價格買回股份，將其歸還給出借方，進而獲得利潤。

偏態係數（Skewness）

對於統計分佈不對稱性的一種衡量方式。相對於平均值右側（大於平均值），平均值左側（小於平均值）的統計值較少，距離平均值較遠時，就會出現負偏態。例如，一系列回收資料 -30％、5％、10％和15％，平均值為0。只有1個回收值小於0，而3個回收值大於0。然而，負值與0的差距更大。正偏態係數與此相反。相對於平均值左側（小於平均值），平均值右側（大於平均值）的統計值較少，距離平均值較遠。

小市值（Small-cap）

小市值股票被認為是規模相對小於其他公司的股票，其衡量方式是市值。對於「小市值」的具體定義會因來源而有所不同。例如，一名投資專家的定義可能是市值小於20億美元，而另一名專家的定義可能是小於50億美元。我們關注股票市值的原因在於，學術證據顯示，投資者在投資小市值股票時期望獲得額外回報。相對於大市值公司，這些公司被認為是風險更高的投資，因此投資者要求獲得風險溢價。

利差（Spread）

交易者願意買入債券的價格和願意賣出債券的價格之間的差異。

標準普爾500指數（S&P 500 Index）

對美國最大的500檔股票按市值加權處理後的指數，其設計目標是涵蓋廣泛的、具有代表性的各行業樣本公司。

標準差（Standard deviation）

對波動性或風險的一種衡量方式。標準差越大，股票或投資組合的波動性就越大。標準差可以有不同的計算週期，例如按月、按季度或按年。

風格漂移（Style drift）

即投資組合偏離最初的資產配置。這可能是由於基金買入了自身專注的特定資產類別以外的股票，或是未能及時根據投資組合中不同資產類別表現的明顯差異做出調整。

系統性風險（Systematic risk）

無法分散的風險。對於承擔系統性風險的投資者，市場必須給予額外回報，否則投資者就不會承擔這樣的風險。這種回收將以風險溢價的形式出現，即相對於投資低風險工具，投資者投資這類工具時可以獲得更高的預期回報。

三因子模型（Three-factor model）

分散股票投資組合的表現差異可以通過3種因子得到最好的解

釋：對整體股市風險的曝露部位、公司規模（市值）和價值（帳面市值比，即BtM）。研究顯示，平均來看這3種因子可以解釋90％以上的美國股票分散投資組合的回報差異。

追蹤誤差（Tracking error）
基金的表現與相關指數或基準之間的差異。總的來說，關於投資組合，追蹤誤差指的是投資組合的表現與廣泛認可的基準——例如標準普爾500指數或威爾遜5000指數之間的差異。

短期美國國債（Treasury bills）
即到期時間不到1年的美國國債。債券的發行價格相對於票面價格存在折扣。利息支付方式是價格逐漸上升至票面價格，直到債券到期。

長期美國國債（Treasury bonds）
即到期時間長於10年的美國國債。

中期美國國債（Treasury note）
即到期時間為1到10年的美國國債。

t 統計量（T-stat）

衡量統計學意義的一種指標。一般認為，如果t統計量大於 2.0，那麼結果就不是隨機雜訊。更高的t統計量代表更高的信心水準。

周轉（Turnover）

基金的交易活動，即出售證券，以新的證券取代。

無利率平價（Uncovered interest parity，UIP）

這種理論認為，對於以兩種不同貨幣計價、同類型的金融資產，其預期回報應該是相同的。利率的差異將會被貨幣的升值和貶值所抵消，導致投資者的回報在不同市場之間保持一致。然而，經驗證據並不支持這種理論，這就導致了無利率平價之謎。

價值型股票（Value stocks）

市盈率相對較低或帳面市值比相對較高的股票。與成長型股票相反。市場預計這類公司的利潤增長相對於市場整體較慢。相較於成長型股票，價值型股票被認為是風險更高的投資。因此，投資者會要求獲得風險溢價。

波動性（Volatility）

金融工具在特定時間範圍內價值變動的標準差。常被用於量化

金融工具在該時間段內的風險。波動性通常用年化值來表達。

權重（Weight）
某個股票或資產類別在投資組合中的價值占比。

注釋

———

1.（p 012）

在本書中，賴瑞和安德魯也提到了寇克蘭在 2011 年美國金融協會主席報告中的這一說法。

2.（p 012）

例如 2015 年哈維、劉岩和朱赫青發表的論文。

3.（p 013）

與以往一樣，作為統計學家和金融經濟學家，而不是普通人，我使用了「有效」一詞。對統計學家來說，如果某種理論在足夠長時間裡有效的頻率比無效更高，那麼我們就會逐漸發現，這不是隨機現象。對金融經濟學家來說，如果我們找到了足夠多這些因子，即使每個因子自身會頻繁失敗，你仍然可以構建相當優質的投資組合。

4.（p 015）

賴瑞和安德魯在整本書，尤其是關於「直覺性」的章節中所做的另一項重要工作是對每個因子進行探討，分析該因子是否可能

是關於風險的理性假設的結果（由於從經濟學角度來看這是個風險命題，因此你可以透過做多和做空獲得回報），或者是其他投資者失誤的結果（由於其他投資者失誤，錯誤估計了這些股票的價格，因此你透過做多和做空獲得了回報）。某些觀察家認為，只有前者可以解釋預期中的可持續表現。 我的觀點則沒有這麼大膽（他們也是一樣）。

5.（p 016）
這是對一系列秘密被曝光的檢驗。因子的公開發表實際上會影響投資圈。也有可能發表的結果只是資料探勘的結果，一開始就不是「真實存在」的。

6.（p 063）
我們在本書中報告的 MSCI 指數回報率是毛回報率。淨回報率還需要在此基礎上扣減國際納稅對股息的影響。我們使用毛回報率主要是因為通常這種指標的使用歷史更長。 此外，毛回報率的要求更高。如果一檔基金的毛回報率較好，那麼淨回報率的情況會更好。例如在這段時期，MSCI 新興市場價值指數的淨回報率為 7.0%。

7.（p 070）
這幾段內容或許會促使讀者嘗試選擇特定時機操作價值型股

票，例如在經濟下行時拋售價值型股票。我們需要對此提出強烈警示。這樣做不僅會導致交易成本和納稅額的上升，出於多方面原因，嘗試挑選交易時機還會帶來更多問題，具體原因不在這裡贅述。就像哈佛大學教授約翰·肯尼斯·加爾布拉斯（John Kenneth Galbraith）說過的名言：「經濟預測的唯一功能就是讓占星學看起來更值得尊重。」（The only function of economic forecasting is to make astrology look respectable.）

8.（p 081）

t 統計量是衡量統計學意義的指標。如果t統計量大於2，那麼就可以認為結果有統計學意義，而不是隨機雜訊。更高的 t 統計量表明更強的信心水準。

9.（p 099）

艾斯尼斯的研究顧問是尤金·法馬。我們之前討論過法馬—佛倫奇三因子模型。

10.（p 155）

賣方分析師是任職於證券商或是管理特定帳戶、向客戶推薦可投資的公司。賣方分析師的推薦通常包括「強力買入」「領先大盤」「中性」和「賣出」等。

11.（p 115）

約翰‧艾爾伯格和邁克爾‧塞克勒 2014 年的學術論文質疑了其中某些結論。例如，巴菲特會關注多種價值指標，而不僅僅是帳面市值比。他會迴避槓桿，而他的公司直到成立很久之後才開展保險業務。這些說法是正確的。我們堅定地相信，其他價值指標，例如股價利潤比或股價現金流比也可以產生同樣的效果。不過，無論具體定義是什麼，巴菲特都運用了這些特定的因子。

12.（p 123）

我們沒有確切的方法去估計未來溢價會是多少，而相關的討論篇幅都很長，並且不是本書的主題。不過我們需要提醒投資者，不要根據最近的回報率去推斷溢價。正如我們在前幾章中多次提到的，沒有因子能永遠適用。在某些環境下，某些因子的表現可能會很疲弱。基於近期表現去推斷未來的回報率可能會導致在溢價即將反彈之前，投資者放棄對應因數。為了高效地把握這些溢價，投資者必須長期堅持某個因子。

13.（p 154）

這裡繪製的所有圖表都利用了肯‧弗蘭奇資料庫中的回報率資訊。

14.（p 157）

儘管風險平價通常被用於對不同類別資產，例如股票和債券的
配置，但也適用於不同因子的配置。

15.（p 176）

羅素2000指數的構造流程透明度更高。對做為基準的指數來
說，這是非常有用的特徵，但並不一定意味著這樣的指數就適
合投資。實際上，無論是從指數包括的資產，還是以該指數做
基準的資產來看，羅素2000指數都是最流行的小市值指數。因
此，羅素2000指數成為了超前交易的主要目標，降低了指數的
回報率。如果其他小市值指數變得更流行，那麼也將遭遇類似
命運。這也可以解釋，為何我們認為，對建立任何類型的 β 曝
險來說，不嚴格遵循某種基準是一種更聰明的方式。

16.（p 202）

在歷史上，股價下跌通常要略低於股息額。這種現象可能是由
納稅問題引起的。

17.（p 267）

無論換手率如何，利用期貨去配置的策略在美國聯邦層面適用
於混合稅率，其中長期收益稅率為60％，短期收益稅率為
40％。儘管納稅額仍然很高，但與短期資本收益的稅率相比，

期貨配置是一種很好的著手方式。

18.（p 288）

由於安德魯‧貝爾金在共同基金公司的地位，為了避免可能的利益衝突，他沒有參與這章附錄中基金的選擇。這裡的建議是白金漢投資策略委員會的觀點。

參考文獻

1. Alberg, John and Michael Seckler, "Misunderstanding Buffett," Advisor Perspectives, August 12, 2014. Available at http://www. advisorperspectives.com/articles/2014/08/12/misunderstanding-buffett.
2. Anderson, Keith and Tomasz Zastawniak, "Glamour, Value and Anchoring on the Changing P/E," European Journal of Finance, February 2016, 1–32.
3. AQR Capital Management, "Volatility Targeting," December 2012.
4. Asness, Clifford, "Momentum in Japan: The Exception That Proves the Rule," Journal of Portfolio Management, Summer 2011, 37(4): 67–75.
5. Asness, Clifford S., "The Interaction of Value and Momentum Strategies," Financial Analysts Journal, March/April 1997, 53(2).
6. Asness, Clifford S., Andrea Frazzini, Ronen Israel, and Tobias J. Moskowitz, "Fact, Fiction and Momentum Investing," Journal of Portfolio Management, Fall 2014, 40(5): 75–92. 252
7. Asness, Clifford S., Andrea Frazzini, Ronen Israel, Tobias J. Moskowitz, and Lasse Heje Pedersen, "Size Matters, If You Control

Your Junk," Fama-Miller Working Paper, January 2015. Available at http://papers.ssrn.com/sol3/papers. cfm?abstract_id=2553889.

8. Asness, Clifford S., Robert Krail, and John Liew, "Do Hedge Funds Hedge?" Journal of Portfolio Management, Fall 2001, 28(1): 6–19.

9. Asness, Clifford S., Tobias Moskowitz, and Lasse Pedersen, "Value and Momentum Everywhere," Journal of Finance, June 2013, 68(3): 929–985.

10. Asvanunt, Attakrit and Scott Richardson, "The Credit Risk Premium," June 2016. Available at http://papers.ssrn.com/sol3/papers.cfm?abstract_ id=2563482.

11. Atanasov, Victoria and Thomas Nitschka, "Foreign Currency Returns and Systematic Risks," Journal of Financial and Quantitative Analysis, April 2015, 50(1–2), 231–250.

12. Bai, Jennie, Pierre Collin-Dufresne, Robert S. Goldstein, and Jean Helwege, "On Bounding Credit-Event Risk Premia," Review of Financial Studies, March 2015, 28(9): 2608–2042.

13. Baker, Malcolm, Brendan Bradley, and Jeffrey Wurgler, "Benchmarks as Limits to Arbitrage: Understanding the Low-Volatility Anomaly," Financial Analysts Journal, January/February 2011, 67(1): 40–54.

14. Baker, Nardin T. and Robert A. Haugen, "Low Risk Stocks Outperform within All Observable Markets of the World," April 2012. Available at http://papers.ssrn.com/sol3/papers.

cfm?abstract_id=2055431.

15. Ball, Ray, Joseph Gerakos, Juhani Linnainmaa, and Valeri Nikolaev, University of Chicago working paper "Accruals, Cash Flows, and Operating Profitability in the Cross-Section of Stock Returns," Journal of Financial Economics, July 2016, 121(1): 28–45.

16. Baltas, Akindynos-Nikolaos and Robert Kosowski, "Momentum Strategies in Futures Markets and Trend-Following Funds," January 2013. Available at http://papers.ssrn.com/sol3/papers. cfm?abstract_id=1968996.

17. Baltzer, Markus, Stephan Jank, and Esad Smajlbegovic, "Who Trades on Momentum?" Bundesbank Discussion Paper, January 2015. Available at http://papers.ssrn.com/sol3/papers. cfm?abstract_id=2517462.

18. Bansal, Naresh, Robert A. Connolly, and Chris Stivers, "Equity Volatility as a Determinant of Future Term-Structure Volatility," Journal of Financial Markets, September 2015, 25: 33–51.

19. Banz, Rolf W., "The Relationship Between Return and Market Value of Common Stocks," Journal of Financial Economics, March 1981, 9(1): 3–18.

20. Barberis, Nicholas and Ming Huang, "Mental Accounting, Loss Aversion, and Individual Stock Returns," Journal of Finance, August 2001, 56: 1247–1292.

21. Barberis, Nicholas and Ming Huang, "Stocks as Lotteries: The Implications of Probability Weighting for Security Prices," American Economic Review, December 2008, 98(5): 2066–2100.

22. Barroso, Pedro and Pedro Santa-Clara, "Momentum Has Its Moments," Journal of Financial Economics, April 2015, 116(1): 111–120.

23. Basu, Sanjoy, "The Relationship Between Earnings' Yield, Market Value and Return for NYSE Common Stocks: Further Evidence," Journal of Financial Economics, June 1983, 12(1): 129–156.

24. Berkshire Hathaway Annual Shareholders letter, 2012. Available at http:// www.berkshirehathaway.com/letters/2012ltr.pdf.

25. Bhansali, Vineer, Joshua Mark Davis, Matt Dorsten, and Graham Rennison, "Carry and Trend in Lots of Places," Journal of Portfolio Management, Summer 2015, 41(4): 82–90.

26. Black, Angela J., Bin Mao, and David G. McMillan, "The Value Premium and Economic Activity: Long-run Evidence from the United States," Journal of Asset Management, December 2009, (10)5: 305–317.

27. Black, Stanley and Philipp Meyer-Brauns, "Dimensions of Equity Returns in Europe," Dimensional Fund Advisors, November 2015. Available at https:// my.dimensional.com/csmedia/cms/papers_library/2015/11/dimensio/Dimensions_ of_Equity_Returns_in_ Europe.pdf.

28. Blitz, David, Eric Falkenstein, and Pim van Vliet, "Explanations for the Volatility Effect: An Overview Based on the CAPM Assumptions," Journal of Portfolio Management, Spring 2014, 40(3): 61–76.

29. Blitz, David, Juan Pang, and Pim van Vliet, "The Volatility Effect in Emerging Markets," Emerging Markets Review, September 2013, 16: 31–45.

30. Blitz, David, Bart van der Grient, and Pim van Vliet, "Interest Rate Risk in Low-Volatility Strategies," June 2014. Available at http://www.robeco.com/images/interest-rate-risk-in-low-volatility-strategies-june% 202014.pdf.

31. Blitz, David C. and Pim van Vliet, "The Volatility Effect: Lower Risk without Lower Return," Journal of Portfolio Management, Fall 2007, 34(1): 102–113.

32. Bouchaud, Jean-Philippe, Stefano Ciliberti, Augustin Landier, Guillaume Simon, and David Thesmar, "The Excess Returns of "Quality" Stocks: A Behavioral Anomaly," Journal of Investment Strategies, June 2016, 5(3): 51–61.

33. Boudoukh, Jacob, Roni Michaely, Matthew Richardson, and Michael R. Roberts, "On the Importance of Measuring Payout Yield: Implications for Empirical Asset Pricing," Journal of Finance, April 2007, 62(2): 877–915.

34. The Brandes Institute, "Value vs. Glamour: A Long-Term

Worldwide Perspective." Available at https://www.brandes.com/docs/default-source/brandes-institute/value-vs-glamour-worldwide-perspective.

35. Calluzzo, Paul, Fabio Moneta, and Selim Topaloglu, "Anomalies Are Publicized Broadly, Institutions Trade Accordingly, and Returns Decay Correspondingly," December 2015. Available at http://papers.ssrn.com/sol3/papers.cfm?abstract_id=2660413.

36. Carhart, Mark M., "On Persistence in Mutual Fund Performance," Journal of Finance, March 1997, 52(1): 57–82.

37. de Carvalho, Raul Leote, Patrick Dugnolle, Lu Xiao, and Pierre Moulin, "Low-Risk Anomalies in Global Fixed Income: Evidence from Major Broad Markets," Journal of Fixed Income, Spring 2014, 23(4); 51–70.

38. Chaves, Denis B., "Idiosyncratic Momentum: U.S. and International Evidence," Journal of Investing, Summer 2016, 25(2): 64–76.

39. Cheng, Nai-fu and Feng Zhang, "Risk and Return of Value Stocks," Journal of Business, October 1998, 71(4): 501–535.

40. Chordia, Tarun, Avanidhar Subrahmanyam, and Qing Tong, "Have Capital Market Anomalies Attenuated in the Recent Era of High Liquidity and Trading Activity," Journal of Accounting and Economics, June 2014, 58(1): 41–58.

41. Chow, Tzee-man, Jason C. Hsu, Li-lan Kuo, and Feifei Li, "A

Study of Low Volatility Portfolio Construction Methods," Journal of Portfolio Management, Summer 2014, 40(4): 89–105.

42. Christiansen, Charlotte, Angelo Ranaldo, and Paul Söderlind, "The Time- Varying Systematic Risk of Carry Trade Strategies," Journal of Financial and Quantitative Analysis, August 2011, 46(4): 1107–1125.

43. Chu, Yongqiang, David A. Hirshleifer, and Liang Ma, "The Causal Effect of Limits to Arbitrage on Asset Pricing Anomalies," July 2016. Available at http:// papers.ssrn.com/sol3/papers. cfm?abstract_id=2696672.

44. Clare, Andrew, James Seaton, Peter N. Smith, and Stephen Thomas, "Carry and Trend Following Returns in the Foreign Exchange Market," May 2015. Available at https:// editorialexpress.com/cgi-bin/conference/download.cgi?db_ name=MMF2015&paper_id=148.

45. Clarke, Roger G., Harindra de Silva, and Steven Thorley, "Fundamentals of Efficient Factor Investing," July 2016. Available at http://papers.ssrn.com/sol3/ papers.cfm?abstract_ id=2616071.

46. Da, Zhi, Umit G. Gurun, and Mitch Warachka, "Frog in the Pan: Continuous Information and Momentum," Review of Financial Studies, July 2014, 27(7): 2171–2218.

47. Dimson, Elroy, Paul Marsh, and Mike Staunton, "Equity Premiums

Around the World," October 2011. Available at https://www.
cfainstitute.org/learning/products/publications/rf/Pages/rf.v2011.
n4.5.aspx.

48. D' Souza, Ian, Voraphat Srichanachaichok, George Jiaguo Wang,
and Chelsea Yaqiong Yao, "The Enduring Effect of Time-Series
Momentum on Stock Returns over Nearly 100 Years," January
2016. Available at http://papers.ssrn.com/sol3/papers.
cfm?abstract_id=2720600.

49. Elgammal, Mohammed and David G. McMillan, "Value Premium
and Default Risk," Journal of Asset Management, February 2014,
15(1): 48–61.

50. Elton, Edwin J., Martin J. Gruber, Deepak Agrawal, and
Christopher Mann, "Explaining the Rate Spread on Corporate
Bonds," Journal of Finance, February 2001, 56(1): 247–277.

51. Fama, Eugene F. and Kenneth R. French, "The Cross-Section of
Expected Stock Returns," Journal of Finance, June 1992, 4(2):
427 – 465.

52. Fama, Eugene F. and Kenneth R. French, "Incremental Variables
and the Investment Opportunity Set," Journal of Financial
Economics, April 2015, 117(3): 470 – 488.

53. Fama, Eugene F. and Kenneth R. French "Profitability, Investment,
and Average Returns," Journal of Financial Economics, December
2006, 82(3): 491–518.

54. Fama, Eugene F. and Kenneth R. French, "Size, Value, and Momentum in International Stock Returns," Journal of Financial Economics, September 2012, 105(3): 457–72.

55. Frazzini, Andrea and Lasse Heje Pedersen, "Betting Against Beta," Journal of Financial Economics, January 2014, 111(1): 1–25.

56. Frazzini, Andrea, Ronen Israel, and Tobias J. Moskowitz, "Trading Costs of Asset Pricing Anomalies," Fama-Miller Working Paper, Chicago Booth Research Paper No. 14-05, December 2012. Available at http://ssrn.com/abstract=2294498.

57. Fridson, Martin S., "Do High-Yield Bonds Have an Equity Component?" Financial Management, Summer 1994, 23(2): 82–84.

58. Geczy, Christopher C. and Mikhail Samonov, "215 Years of Global Multi- Asset Momentum: 1800-2014 (Equities, Sectors, Currencies, Bonds, Commodities and Stocks)," May 2015. Available at http://papers.ssrn.com/sol3/papers. cfm?abstract_id=2607730.

59. Gordon, Masha, "The Profitability Premium in EM Markets," December 2013. Available at http://media.pimco.com/Documents/ PIMCO_In_Depth_EM_ Profitability_Dec2013.pdf.

60. Goyal, Amit and Ivo Welch, "Predicting the Equity Premium with Dividend Ratios," Management Science, May 2003, 49(5): 639–654.

61. Gray, Wesley R. and Jack Vogel, "Enhancing the Investment Performance of Yield-Based Strategies," Journal of Investing, Summer 2014, 23(2): 44–50.

62. Grobys, Klaus and Jari-Pekka Heinonen, "Is There a Credit Risk Anomaly in FX Markets?" Financial Research Letters, May 2016.

63. Grullon, Gustavo and Roni Michaely, "Dividends, Share Repurchases, and the Substitution Hypothesis," Journal of Finance, August 2002, 57(4): 1649–1684.

64. Harvey, Campbell R., Yan Liu, and Heqing Zhu, "⋯and the Cross-Section of Expected Returns," February 2015. Available at http://papers.ssrn.com/sol3/papers.cfm?abstract_id=2249314.

65. Hjalmarsson, Erik, "Portfolio Diversification Across Characteristics," Journal of Investing, Winter 2011, 20(4): 84–88.

66. Hou, Kewei, Chen Xue, and Lu Zhang, "Digesting Anomalies: An Investment Approach," Review of Financial Studies, March 2015, 28(3): 650–705.

67. Hurst, Brian K., Yao Hua Ooi, Lasse H. Pedersen, "A Century of Evidence on Trend-Following Investing," September 2014. Available at https://www.aqr.com/library/aqr-publications/a-century-of-evidence-on-trend-following-investing.

68. Hutchinson, Mark C. and John O'Brien, "Is This Time Different? Trend Following and Financial Crises," Journal of Alternative Investments, Fall 2014, 17(2): 82–102.

69. Ilmanen, Antti and Jared Kizer, "The Death of Diversification Has Been Greatly Exaggerated," Journal of Portfolio Management, Spring 2012, 38(3): 15–27.

70. Israel, Ronen and Tobias J. Moskowitz, "The Role of Shorting, Firm Size, and Time on Market Anomalies," Journal of Financial Economics, May 2013, 108(2): 275–301.

71. Jacobs, Heiko and Sebastian Müller, "Anomalies Across the Globe: Once Public, No Longer Existent?" July 2016. Available at http://papers.ssrn.com/sol3/papers.cfm?abstract_id=2816490.

72. Jegadeesh, Narasimhan and Sheridan Titman, "Returns to Buying Winners and Selling Losers: Implications for Stock Market Efficiency," Journal of Finance, March 1993, 48(1): 65–91.

73. Jensen, Gerald R. and Jeffrey M. Mercer, "Monetary Policy and the Cross-Section of Expected Returns," Journal of Financial Research, Spring 2002, 25(1): 125–139.

74. Jiang, Hao and Zheng Sun, "Equity Duration: A Puzzle on High Dividend Stocks," October 2015. Available at http://papers.ssrn.com/sol3/papers. cfm?abstract_id=2678958.

75. Jordan, Bradford D. and Timothy B. Riley, "The Long and Short of the Vol Anomaly," April 2016. Available at http://papers.ssrn.com/sol3/papers. cfm?abstract_id=2442902.

76. Kim, Moon K. and David A. Burnie, "The Firm Size Effect and the Economic Cycle," Journal of Financial Research, Spring 2002,

25(1): 111–124.

77. Koijen, Ralph S. J., Tobias J. Moskowitz, Lasse Heje Pedersen, and Evert B. Vrugt, "Carry," Fama-Miller Working Paper, August 2015. Available at http:// papers.ssrn.com/sol3/papers. cfm?abstract_id=2298565.

78. Kozlov, Max and Antti Petajisto, "Global Return Premiums on Earnings Quality, Value, and Size," January 2013. Available at http://papers.ssrn.com/sol3/ papers.cfm?abstract_id=2179247.

79. Lakonishok, Josef, Andrei Shleifer, and Robert W. Vishny, "Contrarian Investment, Extrapolation, and Risk," Journal of Finance, December 1994, 49(5): 1541–1578.

80. Lam, F.Y. Eric C., Shujing Wang, and K.C. John Wei, "The Profitability Premium: Macroeconomic Risks or Expectation Errors?" March 2016. Available at http://papers.ssrn.com/sol3/ papers.cfm?abstract_id=2479232.

81. Lettau, Martin, Matteo Maggiori, and Michael Weber, "Conditional Risk Premia in Currency Markets and Other Asset Classes," Journal of Financial Economics, November 2014, 114(2): 197–225.

82. Lev, Baruch and Theodore Sougiannis, "Penetrating the Book-to-Market Black Box," Journal of Business Finance and Accounting, April/May 1999, 26(3-4): 419–449.

83. Levi, Yaron and Ivo Welch, "Long-Term Capital Budgeting,"

March 2014. Available at http://papers.ssrn.com/sol3/papers. cfm?abstract_id=2327807.

84. Li, Xi, Rodney N. Sullivan, and Luis Garcia-Feijóo, "The Limits to Arbitrage and the Low-Volatility Anomaly," Financial Analysts Journal, January/February 2014, 70(1): 52 – 63.

85. Liu, Ryan, "Profitability Premium: Risk or Mispricing?" November 2015. Available at http://faculty.haas.berkeley.edu/rliu/ Job% 20Market% 20Paper% 20Ryan% 20Liu.pdf.

86. Lustig, Hanno, Nikolai Roussanov, and Adrien Verdelhan, "Common Risk Factors in Currency Markets," Review of Financial Studies, November 2011, 24(11): 3731–3777.

87. McLean, R. David and Jeffrey Pontiff, "Does Academic Research Destroy Stock Return Predictability," Journal of Finance, January 2016, 71(1): 5–32.

88. Menkhoff, Lukas, Lucio Sarno, Maik Schmeling, and Andreas Schrimpf, "Carry Trades and Global Foreign Exchange Volatility," Journal of Finance, August 2012, 67(2): 681–718.

89. Miller, Merton H. and Franco Modigliani, "Dividend Policy, Growth, and the Valuation of Shares," Journal of Business, October 1961, 34(4): 411– 433.

90. Moskowitz, Tobias J., "Asset Pricing and Sports Betting," July 2015. Available at http://papers.ssrn.com/sol3/papers. cfm?abstract_id=2635517.

91. Moskowitz, Tobias J., "Explanations for the Momentum Premium," AQR Capital Management White Paper, 2010.

92. Novy-Marx, Robert, "The Other Side of Value: The Gross Profitability Premium," Journal of Financial Economics, April 2013, 108(1): 1–28.

93. Novy-Marx, Robert, "Understanding Defensive Equity," March 2016. Available at http://rnm.simon.rochester.edu/research/UDE. pdf.

94. Novy-Marx, Robert and Mihail Velikov, "A Taxonomy of Anomalies and Their Trading Costs," Review of Financial Studies, 2016, 29(1): 104–147.

95. Pedersen, Niels, Sébastien Page, and Fei He, "Asset Allocation: Risk Models for Alternative Investments," Financial Analysts Journal, May/June 2014, 70(3): 34–45.

96. Peterkort, Robert F. and James F. Nielsen, "Is the Book-to-Market Ratio a Measure of Risk?" Journal of Financial Research, Winter 2005, 28(4): 487–502.

97. Petkova, Ralitsa, "Do the Fama-French Factors Proxy for Innovations in Predictive Variables?" Journal of Finance, April 2006, 61(2): 581–612.

98. Piotroski, Joseph D. and Eric C. So, "Identifying Expectation Errors in Value/Glamour Strategies: A Fundamental Analysis Approach," Review of Financial Studies, September 2012, 25(9):

2841–2875.

99. Rosenberg, Barr, Kenneth Reid, and Ronald Lanstein, "Persuasive Evidence of Market Inefficiency," Journal of Portfolio Management, Spring 1985, 11(3): 9–16.

100. Sarno, Lucio, Paul Schneider, and Christian Wagner, "Properties of Foreign Exchange Risk Premiums," Journal of Financial Economics, August 2012, 105(2): 279–310.

101. Shah, Ronnie R., "Understanding Low Volatility Strategies: Minimum Variance," Dimensional Fund Advisors, August 2011. Available at https://my.dimensional.com/csmedia/cms/papers_library/2011/08/understa/Minimum_Variance.pdf.

102. Shefrin, Hersh M. and Meir Statman, "Explaining Investor Preference for Cash Dividends," Journal of Financial Economics, June 1984, 13(2): 253–282.

103. van Vliet, Pim, "Enhancing a Low-Volatility Strategy is Particularly Helpful When Generic Low Volatility is Expensive," January 2012. Available at https://www.robeco.com/en/professionals/insights/quantitative-investing/low-volatility-investing/enhancing-a-low-volatility-strategy-is-particularly-helpful-when-generic-lowvolatility-is-expensive.jsp.

104. Wang, Huijun and Jianfeng Yu, "Dissecting the Profitability Premium," December 2013. Available at http://papers.ssrn.com/sol3/papers.cfm?abstract_id=1711856.

105. Yogo, Motohiro, "A Consumption-Based Explanation of Expected Returns," Journal of Finance, April 2006, 61(2): 539–580.

106. Zhang, Lu, "The Value Premium," Journal of Finance, February 2005, 60(1): 67–103.

因子投資
聰明操盤者的交易決策理論

Your Complete Guide to Factor-Based Investing
The Way Smart Money Invests Today
Copyright © 2016 by Larry E. Swedroe & Andrew L. Berkin

大寫出版　書系｜使用的書 In-Action!　書號｜HA0092R

著　　者 ◎ 安德魯・貝爾金（Andrew L. Berkin）、賴瑞・斯韋德羅（Larry E. Swedroe）
譯　　者 ◎ 李瑋
特約編輯 ◎ 張小蘋
行銷企畫 ◎ 王綬晨、邱紹溢、陳詩婷、曾曉玲、曾志傑、廖倚萱
大寫出版 ◎ 鄭俊平
發 行 人 ◎ 蘇拾平

發　　　行 ◎ 大雁文化事業股份有限公司
　　　　　　台北市復興北路333號11樓之4
　　　　　　電話（02）27182001
　　　　　　傳真（02）27181258
　　　　　　大雁出版基地官網：www.andbooks.com.tw

二版一刷 ◎ 2023年5月
定　　價 ◎ 550元
版權所有・翻印必究
ISBN 978-626-7293-02-7
Printed in Taiwan・All Rights Reserved
本書如遇缺頁、購買時即破損等瑕疵，請寄回本社更換

國家圖書館出版品預行編目 (CIP) 資料

因子投資：聰明操盤者的交易決策理論／安德魯・貝爾金（Andrew L.
Berkin）、賴瑞・斯韋德羅（Larry E. Swedroe）合著｜李瑋 譯｜二版｜
臺北市：大寫出版：大雁文化事業股份有限公司發行，2023.5
340 面；14.8*20.9 公分（使用的書 In-Action! ; HA0092R）
譯自：Your complete guide to factor-based investing : the way smart
money invest today
ISBN 978-626-7293-02-7（平裝）
1.CST: 投資組合 2.CST: 股票 3.CST: 投資分析
563.52　　　　　　　　　　　　　　　　　　　112002801